# はじめに

　『日本語上級読解』は、朝日カルチャーセンター日本語講座科の上級クラスで使ってきた「読み教材」をまとめたものです。

　朝日カルチャーセンターの日本語クラスは、一般成人を対象としているため、学習者の国籍や滞在期間、学習目的、興味の対象などもさまざまです。また、ビジネスマンや研究者、宣教師、語学教師、大学生など、短時間で効率よく学びたいという学習者がほとんどです。そのような学習者のニーズをふまえて、教科書を「精読」するクラスと並行して、1コマ50分で読み切る「読み」のクラスを設け、さまざまな生教材を読んでいます。教材の選定にあたっては、以下の点に配慮しています。

- 学習者にとっても教える側の教師にとっても、興味がもてる内容であること
- 読んだ後、お互いに意見交換ができるようなものであること
- 日本人のものの見方や日々の事象に対する考え方、日本文化や日本事情などに触れられるものであること
- さまざまな分野の語彙が増やせるよう、できるだけ広範囲から素材をとること

　今回、これまで学習者から得たフィードバックをもとに少しずつ直してきたものに、新たに長編のものも少し加えて、一冊の本にいたしました。この読解教材の開発と検討という作業には当初、谷道まや先生も加わってくださり、素材の提供をはじめ、問題形式の種類等についても、いろいろなアイディアを出してくださいました。途中、海外へ赴任されたため、本としてまとめる段階でご一緒できなかったことが本当に残念ですが、ここに改めて先生に感謝の意を表したいと思います。

　最後になりますが、このような形でまとめる機会を与えてくださった㈱アルク日本語出版編集部の塩崎宏編集長、内容の検討の段階から根気よくお付き合いくださった編集部の松原理恵さん、素敵なイラストを書いてくださった中条こうこさんに、この場を借りて心からお礼を申し上げます。また、教材の試用を快く承諾し、協力してくださった、朝日カルチャーセンターの大浦明日本語講座科長はじめ日本語クラスの先生方にも、感謝申し上げます。

　この本が、上級レベル日本語学習者の「読み」の力を伸ばすための一助となれば幸いです。

2000年2月　　　　　　　　　　　　　　　　　　　　　　　　　　　　　　著者一同

# 目次
もくじ

はじめに ……………… 3
本書の構成と使い方 ……………… 6
こうせい
学習者の皆さんへ ……………… 8
みな
(英訳／中国語訳／韓国語訳)
やく　　　　　　　かんこく

## ●STEP 1

第1課　時間ドロボー ……………… 15
第2課　トイレ ……………… 16
第3課　「はい」「いいえ」……………… 17
第4課　日本茶 ……………… 18
第5課　初月給 ……………… 19
　　　　はつげっきゅう
第6課　咀嚼力 ……………… 20
　　　　そしゃくりょく
第7課　壊れたと壊したは違う ……………… 21
　　　　こわ
第8課　シルバーシートに座ろう ……………… 22
第9課　夫と息子のドブ掃除 ……………… 23
　　　　　　むすこ　　　そうじ
第10課　ストレスに弱い男 ……………… 24

## ●STEP 2

第1課　あいまいな言葉 ……………… 27
第2課　働くことが丸ごとの人生 ……………… 31
　　　　　　　　　まる
第3課　サービスのコスト ……………… 35
第4課　単身赴任は肥る ……………… 39
　　　　たんしんふにん　ふと
第5課　先送りされる「結婚」……………… 44
第6課　言い損ない ……………… 49
　　　　　　そこ

第7課 「夫婦ゲンカはイヌも食わない」はウソ・ホント？ …… 54
第8課 電車内、まなざしの行方 …………………… 58
第9課 吹き替え？字幕？ ………………… 62
第10課 神社 ………………… 66
第11課 パニック ………………… 71
第12課 午後の仮眠 ………………… 76
第13課 気の利くエレベーター ………………… 81
第14課 雑木林のなかで ………………… 85
第15課 便利な道具 ………………… 89

## ●STEP 3

第1課 物のこころ ………………… 97
第2課 店員の応対 ………………… 103
第3課 さかさまのカレンダー ………………… 110
第4課 100億頭のゾウ ………………… 117
第5課 人間とロボットの共生 ………………… 123

**解　答** ………… 131
**語彙リスト** ………… 137
**本文データ** ………… 158

# 本書の構成と使い方

## 【構成】

本書は30編の読み物が、**STEP 1**と**STEP 2・3**の2つのタイプに分かれており、各課はおおむね短い読みものから長いものへ、易しいものから難しいものへと並べてあります。

**STEP 1** 350〜600字程度の短い読み物10編

- ◇　：読みの動機付けとなる質問
- 本　文：そのまま読むものと、問題☆の指示に従って、文中の語を選んだり段落の順番を入れ替えたりしながら読むもの
- ◆　：内容理解を確認する簡単な問題
- ☆の解答：ページ下に逆さ字で提示

**STEP 2** 700〜1200字程度の読み物15編

**STEP 3** 1300〜2000字程度の読み物5編

- Warm-up 本文のトピックや内容を推測できるような質問
- Keywords 本文の内容把握に欠かせない言葉
- 本文
- 内容の問題
  - Ⅰ：内容をおおまかにつかんだかどうかを確認する
  - Ⅱ以降：より細かく内容を確認したり、本文全体からわかる筆者の考え方などを問う
- 言葉の問題　本文に出てきた語彙について、意味や用法を確認する（原則として同じ品詞を選んである）
  - Ⅰ：言葉の意味を確認する
  - Ⅱ：Ⅰの言葉を使って短文を完成する
  - Ⅲ：言葉の総合的な運用練習をする
    - 例）漢字の接辞や熟語、動詞複合語や副詞、慣用表現、オノマトペや外来語など

◎巻末資料

- 解　答　STEP 1の◆の解答例、STEP 2・3の**内容の問題**と**言葉の問題**の解答
- 語彙リスト　本文中の、日本語能力試験1級以上相当の語彙。各課出現順で英訳付き。
  　　　　　　太字は Keywords
- 本文データ　実質文字数および漢字含有率
- ＊漢字のふりがな：日本語能力試験3級までの漢字および『基本漢字500 BASIC KANJI BOOK』（凡人社）に含まれる漢字以外のもの

## 【この本を使ったクラス授業例】

### STEP 1

1. 質問◇についてクラスで話し合います。ここで、学習者はこれから読む文章が何についてのものかを予測することができます。
2. 本文は、辞書や巻末語彙リストの英訳などを見ずに、2～3分でさっと読むように指導します。
3. 本文を読んだ後で、問題◆の答えを確認します。
4. 読み取れなかった部分があれば説明し、内容やトピックについての話し合いに発展させます。

### STEP 2・3

1. Warm-up はSTEP 1の◇と同様に、読みに対する興味を持たせることが目的です。クラスでいろいろと意見を出させるといいでしょう。
2. Keywords で語彙の意味を確認します。これは、Warm-up に引き続いて本文の内容を推測し、学習者がそのトピックに関して持っている背景知識や情報を呼び起こすことが目的です。
3. 各課の最初のページにあるイラストも、内容の推測や語彙の理解を助けるためのものです。
4. 本文は、STEP 1と同じく、辞書や語彙リストに頼らずに5～10分くらいで読ませ、内容を大きくつかませます。未習語彙があっても、文脈や前後関係で推測させます。
5. **内容の問題**Ⅰでは、スキミング（大意の把握）ができているかどうか見ることができます。ここでもう一度本文に戻るのではなく、初めに読んで頭に残っている情報をもとに答えさせます。
6. Ⅱ以降については、スキャニング（特定情報の拾い出し）が目的のものもあるので、必要があれば本文に戻ってもいいことを伝えます。各自が解答を出した後、クラス全体で答え合わせをします。
7. 学習者からの質問があれば受けます。理解が不十分だったと思われる点について、教師のほうから補足してもいいでしょう。
8. 最後に、本文のテーマや筆者の主張についてクラス全体で話し合ったり、自分の意見を発表したりさせるといいでしょう。また、 Keywords を順番につなぐと本文の要約ができるようになっていますから、まとめとして発表させたり書かせたりすると、いい練習になります。
9. **言葉の問題**は、授業で扱うほか、復習として宿題にすることもできます。

　これはあくまでも一例です。実際には、学習者レベルやクラスサイズ、カリキュラムや授業時間などに応じて、いろいろな使い方ができると思います。

　なお、一人で学習する人は、次の「**学習者の皆さんへ**」をご参照ください。

# 学習者の皆さんへ

　『日本語上級読解』は、気軽に読む楽しみが味わえる教材です。素材は一般の新聞や雑誌の記事、小説などから、日本人の物の見方や日本社会のことが見えてくるものを選びました。本文はそれぞれ、3分～10分くらいで読める長さで、文章は書きかえずにそのまま載せてあります。この本は、クラスで勉強している人だけでなく、一人で勉強する人も使えます。


　この本には30の読み物があり、問題のタイプによって、STEP1とSTEP2・3に分かれます。

STEP 1　短い読み物をさっと読んで内容をとらえたり、読みながら答えを選んだりする。
　　　　350～600字程度。
STEP 2　もう少し長い読み物を読んで、内容に関するいくつかの問題に答える。
　　　　700～1200字程度。
STEP 3　さらに長い読み物に挑戦する。
　　　　1300～2000字程度。

どの読み物から読み始めてもかまいません。自分の興味や時間に合わせて選んでください。


　この本は次のように使うと効果的です。

## STEP 1

1　初めに簡単な質問◇があります。クラスで話し合ったり、自分で考えたりして、これから読むものについて、準備をしてください。
2　本文を読む時は、辞書や巻末の訳を見ないで読んでみてください。本文はそのまま読むものと、問題☆を見て言葉を選んだり、順番を考えたりしながら読むものがあります。
　　☆の解答は、そのページの下にあります。
3　本文の内容について問題◆があります。ここで、本文が読み取れたかどうかをチェックします。

## STEP 2・3

1. Warm-up　クラスで話し合ったり、自分で考えたりして、これから読むものについて、準備をしてください。
2. Keywords　言葉の意味を確認し、本文の内容を予測してください。
3. 本文を、まず辞書や語彙リストを見ないで読んでください。わからない時は、二、三度読んでもいいでしょう。
4. 本文を見ないで**内容の問題**Ⅰに答えてください。ここで、本文の大まかな内容を確認します。
5. 次に**内容の問題**Ⅱ以降で、本文の各部分の細かいところや、全体についての重要なところを確認します。必要があれば、本文をもう一度読んでください。
6. **言葉の問題**では、本文に出てきた言葉の意味や使い方がわかったかどうか確認します。

◎巻末資料

**解　答**　STEP 1の各課の問題◆の解答例、STEP2・3の各課の**内容の問題**と**言葉の問題**の解答。

**語彙リスト**　本文の日本語能力試験1級以上にあたる語彙。各課出てきた順で英訳付き。太字は Keywords 。

**本文データ**　実質文字数および漢字含有率。

＊**漢字のふりがな**：日本語能力試験3級までの漢字および『基本漢字500 BASIC KANJI BOOK』（凡人社）に含まれる漢字以外のものには、ふりがなをつけました。

　読んだ内容に関連して、自分の考えや経験を話したり文章にまとめたりすると、いい練習になります。もっと日本語の文章に慣れたい、言葉をたくさん覚えたい、何か日本人の考え方や日本社会がわかるものを読みたい、という学習者の皆さんに、ぜひこの本を使ってもらいたいと思います。

# To the Learner

*ADVANCED READINGS IN JAPANESE* is designed to enable you to enjoy reading freely. The selections are taken from newspapers, magazines and novels to provide you with insight into Japanese society and how Japanese think. The selections should take between three and ten minutes to read. The text can be used in class or by students who are studying on their own.

The text is comprised of thirty essays divided into three parts: Steps 1, 2 and 3. Step 1 contains short selections (350〜600 characters). Step 2 contains longer selections (700〜1200 characters). Step 3 contains the most challenging selections (1300〜2000 characters). You may start with any essay, depending on your interests and time.

This text can be most effectively utilized by following these procedures:

## Step 1
1. Simple questions ◇ are listed at the beginning. Discuss these topics with your classmates or think about them on your own before you begin reading.
2. When reading the selections, refrain from using a dictionary or the vocabulary list at the end of the book. Some texts are accompanied by questions ☆ for which you are provided multiple choice answers, while others require that you think of the sequences of the essays while you read. Answers are listed at the bottom of the page.
3. You can use the questions ◆ to check whether you have understood the material.

## Steps 2 and 3
1. Use the **Warm-up** to discuss the themes with your classmates or think about them on your own before reading the selections.
2. Try to guess what the selections are about by previewing the **Keywords** and looking up their meanings if necessary.
3. First try to read the selections without using a dictionary or the vocabulary list. You can read the selection several times if necessary.
4. Try to answer 内容の問題 (Questions about Content) I without looking at the text to verify if you understand the gist of the selection.
5. Next, check the important points concerning each section and the entire selection by using the 内容の問題 (Questions about Content) II and after. If necessary, read the selection again.
6. In 言葉の問題 (Word Exercises) you can verify whether you understood the meanings and usage of vocabulary that appears in the text.

◎**Information provided at the end of the book**
**Answers:** Sample answers to questions in each lesson of Step 1, and answers to 内容の問題 (Questions about Content) and 言葉の問題 (Word Exercises) in Steps 2 and 3.
**Vocabulary lists:** English translations of vocabulary above Level 1 on the Japanese Proficiency Test. The words are listed in the order they appear in the text for each lesson. Words in bold print are **Keywords**.
**Text data:** Total number of characters in selections and percentage made up by kanji.
\*Kanji readings: We have provided readings for all kanji above Level 2 on the Japanese Proficiency Test, as well as for kanji not contained in the *500 BASIC KANJI BOOK* (Bonjinsha Press).

You can benefit even more from this text by discussing or writing about your own experiences and ideas as they relate to the essays. We hope anyone who wants to become more familiar with writings in Japanese, learn lots of vocabulary or read articles to learn about Japanese thinking and society will use this book.

## 致读者

《日语高级阅读》是一部可以体味阅读快乐的教材。书中文章取材于反映日本人思维方式和日本社会的报纸，杂志的报道和小说。原文登载，未加删改。阅读每篇文章需要3～10分钟，不仅适合学校教学，也可以用于自学。

本书由30篇文章组成，根据思考问题的类型分为第一步和第二，三步。

第一步　　对于篇幅较短的文章，浏览一遍抓住中心内容，或者边阅读边解答问题。350～600字左右。

第二步　　对于中等长度的文章，阅读后回答有关文章内容的问题。700～1200字左右。

第三步　　挑战更长的文章。1300～2000字左右。

读者可以根据自己的兴趣和时间选择阅读内容，可以从任何一篇文章开始读起。

向读者推荐以下有效的使用方法。

第一步
1. 开头提出简单的问题◇。在课堂上讨论或者自己思考，对将要阅读的文章有一个基本认识。
2. 阅读文章内容时，不要查字典，也不要翻阅书后的译文。有直接阅读的文章，也有要求读者参照问题☆选择词语，排列顺序的文章。☆的答案在书页底边。
3. 有关文章内容的问题◆。此处检查是否理解了文章的内容。

第二步　第三步
1. **Warm-up** 在课堂上讨论或者自己思考，对将要阅读的文章有一个基本认识。
2. **Keywords** 确认词汇的意思，推测文章的内容。
3. 不查字典和单词表阅读文章。读不懂时，反复读几遍。
4. 不看文章回答 **内容の問題 I**。在此确认文章的大体内容。
5. **内容の問題 II**之后的部分，确认文章各部分的具体内容和文章的重点。有必要的话可以重读一遍文章。
6. 在 **言葉の問題** 部分，检查是否真正理解文章中出现的词语的意思和用法。

◎书后资料

　答　　案：第一步每课的问题◆的答案和第二，三步每课的 **内容の問題　言葉の問題** 的答案在书后。

　单　词　表：文章中出现的超出日语能力一级考试范围的词语。按每课出现的顺序排列(附英文翻译)。黑体字为 **Keywords** 。

　文章数据：实际字数和汉字出现率。

　＊汉字的假名注音：超出日语能力三级考试范围的汉字以及未收入《基本汉字500 BASIC KANJI BOOK》(凡人社) 的汉字附有假名注音。

根据自己的想法和经验谈论与文章相关的内容，或者总结成文章，会受到更好的学习效果。如果想提高日语阅读能力，如果想扩充日语的词汇量，如果想阅读能够了解日本人思维方式和日本社会状况的读物，我们向您推荐本书。

# 학습자 여러분께

『일본어 상급 독해』는 쉽게 읽을 수 있는 교재입니다. 읽을 거리는 신문, 잡지, 소설 등에서 일본을 조금이라도 알 수 있는 것들로 골랐습니다. 본문은 3분~10분 길이입니다. 이 책은 교실에서뿐만 아니라 독학용으로도 사용할 수 있습니다.

이 책은 문제의 타입에 따라 스텝1, 스텝2·3으로 나뉘어져 있습니다.
스텝1  짤막한 내용을 대충 읽고 내용 파악을 하거나 읽으면서 답을 고른다.
       350~600자 정도.
스텝2  조금 더 긴 읽을 거리를 읽고, 내용에 관한 몇 가지 질문에 답한다.
       700~1200자 정도.
스텝3  보다 긴 읽을 거리에 도전한다. 1300~2000자 정도.
이 책은 다음과 같이 사용하면 효과적입니다.

스텝1
1. 먼저 간단한 질문 ◇가 있습니다. 읽을 거리에 대해 준비를 해 주십시오.
2. 본문은 그냥 읽을 거리, 문제 ☆을 읽고 단어를 고르는 읽을 거리, 순서를 생각하면서 읽는 읽을 거리가 있습니다. ☆의 해답은 하단에 있습니다.
3. 본문 내용에 대한 문제◆가 있습니다.

스텝2·스텝3
1. **Warm-up** 읽을 거리에 대해 준비를 합니다.
2. **Keywords** 단어의 의미를 확인한 뒤, 본문 내용을 예측해 보십시오.
3. 사전이나 어휘 리스트를 보지 말고 먼저 본문을 읽어 보십시오. 이해가 가지 않을 때는 두세 번 읽어 보십시오.
4. 본문을 보지 말고 **内容の問題** Ⅰ에 답해 주십시오.
5. **内容の問題** Ⅱ 이후에서, 본문의 각 부분이나 전체에서 중요한 곳을 확인합니다. 필요하다면 본문을 한 번 더 읽어 봐 주십시오.
6. **言葉の問題** 에서는 본문에 나온 단어의 의미나 사용법을 확인합니다.

◎권말 자료
해      답: 스텝1의 각과의 문제◆의 해답과 스텝2·3 각과의 **内容の問題  言葉の問題** 의 해답.
어휘 리스트: 일본어능력시험 1급 이상에 해당하는 어휘. 영어 번역 첨부. 고딕체는 **Keywords** .
본문 데이터: 실제 문자수 및 사용 한자 비율.
* 한자 읽는 법: 일본어능력시험 3급 수준 한자 및 『기본 한자 500 BASIC KANJI BOOK』(凡人社)에 포함된 한자 이외의 것에는 읽는 법을 달았습니다.

읽은 내용과 관련해서 자신의 생각이나 경험을 이야기하거나 문장으로 정리해보는 것도 좋은 연습이 될 것입니다. 보다 많은 일본어 문장에 익숙해지고 싶은 분, 단어를 많이 알고 싶은 분, 일본인의 사고 방식이나 일본 사회를 알 수 있는 것을 읽고 싶은 분은 꼭 이 책을 사용해 주시기 바랍니다.

# STEP 1

# 第1課　時間ドロボー

◇**どんな時、時間を無駄にしてしまったと感じますか。**

「テレビは時間ドロボーである。疲れて家に帰ってきて、もうなんにもする気がしないときなど、ついテレビをつけると、なんだかにぎやかに騒いでいたり、その日のスポーツの結果を繰り返し映したりしているから、ぼーっと見てしまう。見ている番組が終わると今度はもの足りなくなって、チャンネル切り替えのコントローラーを探しだし、パッパッパッと、じつに便利に画面を変えていく。」

あんまり見たいと思う番組はなくても、ピーナツを食べはじめたのと同じで、中毒に近くなっている。無いともの足りないから、画面を消さないのである。

そうやって30分単位で時間を盗まれ続けて、結局深夜の映画を見終わったら、明け方の4時に近かった、という経験がある。

それですっかり生活のリズムが狂ってしまう。目に悪い、体に悪い、アタマに悪い、などと勝手なことを言うけれど、テレビ局としては、どんな手段を使っても、視聴者を画面に惹きつけておくのが商売であるから、それに引っかかるこちらが悪いのである。

翌日、人に会って、昨日のテレビの話をしてみると、みんな見ていたとみえて、じつによく話が通じる。みんな時間ドロボーにあっていたのである。その時間に頭を使って読書をする、会話を交わすというのではなく、みんな私と同じようにぼんやりして、光り輝く画面を眺めてアホになっていたのである。

逆にテレビを見ていなければ、人と話が通じない。マンガを読んでも、ギャグが解らない、クロスワードパズルも解けないということになる。

静かに秋の月でも眺めようと、テレビを消し、電灯も消して窓を開け放つと、隣家のテレビの大音声とバカ笑いがとび込んでくる。

［奥本大三郎『考える蜚蠊』（ベネッセコーポレーション）より］

◆**筆者は、どうしてテレビが「時間ドロボー」だと言っていますか。（解答はp.131）**

STEP 1

# 第2課　トイレ

◇海外旅行に行って、トイレで困ったことがありますか。

　海外旅行をしていると、こんなことを思うことがある。世界にはヨーロッパやアジアといった国々があるのではなく、「トイレ金とり国」と「トイレただ国」とがあるだけだと。

　花の都パリは「トイレ金とり国」の代表選手だ。カフェや公衆トイレはもちろん、駅のトイレでもお金をとられる。トイレにはたいていの場合、白衣を着た年配の女性がいて、清掃を受け持っている。使用料は30円程度のものだが、金額の問題ではなく、そのような文化になれていないせいもあるが、腹立たしい目に遭うことが多い。

　たとえば、入った時に手渡されるトイレットペーパーの量が、みょうに少ないのだ。フランス人やドイツ人はこれだけで済ませているのか、と首をひねってしまうことがある。

　北ギリシャのカバラという街のバスターミナルのトイレでは、トイレおじさんが1分ごとにドアをたたいて「早く出ろ」と催促する始末。込んでいるので回転をよくして、少しでももうけようというのだ。

　トルコのイスタンブールでは7、8歳の子供が公衆トイレで働いていた。彼らは一日の大半を学校ではなく、トイレで過ごすのだ。使用料は約5円だった。

　ブルガリアのソフィアのデパートでは、トイレおばさんがトイレのドアの前に居座っているので、なんとなくしにくかったし、チェコのプラハの駅のトイレでは少額だが、お釣りを渡さないので口論になった。

　その点、モロッコやバリ島のほうがまだいい。おけの水で自分の始末もトイレの始末もしなければいけないが、トイレにいわゆる監視人がいないので、遠慮なく、心ゆくまでできる。

　日本では、駅のトイレが汚いと文句を言う人がいるが、監視人がいないだけでもましである。

[朝日新聞「街角」（1995.9.16.）より]

◆筆者の経験では、「トイレ金とり国」は、どこですか。（解答はp.131）

# 第３課　「はい」「いいえ」

◇「はい」や「いいえ」を、体でどう表現しますか。

☆文中の［　］の中からどちらかを選びながら、読みなさい。

　アルバニア(注)で頭を悩ましたことが一つある。昼間から銃声がするとか、レストランや商店が閉まっているとかではない。「はい」「いいえ」と言う時の首の振り方についてだ。

　こちらの人は「はい」と言いながら、首を横に振る。①［「はい」／「いいえ」］は縦だ。聞いてはいたが、どうも調子が狂う。「写真を撮ってもいいですか」と尋ねると、笑いながら首を縦に振る。カメラを構えたら、相手は突然怒り出したりするのだ。

　アルバニア語で②［「はい」／「いいえ」］は「ヨー」という。英語やドイツ語の「ヤー（③［はい／いいえ］）」をつい連想する。それで首を縦に振るのだから、間違えないほうがおかしい、と強弁したくもなる。

　観察を続けると、「はい」で首を横に振る人と縦に振る人の両方いることにも気づいた。これには、頭を抱えた。言葉が分からない人間にとって、身ぶりは相手の意思を知る重要な手がかりだ。ここアルバニアでは、首の振り方からは判断できない。

　どうしてこんな混乱が起きているのか。通訳に尋ねると、元来は④［「はい」／「いいえ」］が横、⑤［「はい」／「いいえ」］は縦、なのだそうだ。「しかし、欧州の仲間入りをするために、身ぶりも変えなければいけない。今はその途中にあって混乱しているのだ」と解説してくれた。

　アルバニアでの取材で感じるのは、６年前の民主化以来、急激な欧州化（市場経済化）によって、この国にさまざまなひずみが生じている、ということだ。今起きている国の混乱も、このあたりに一因がある。こう考えると通訳氏の説明には、妙な説得力があった。

　　　　　　［藤谷健　朝日新聞「特派員メモ」（1997.7.4.）より］

（注）アルバニア：国名。Albania

◆**筆者はアルバニアでどんなことに困りましたか。**（解答はp.131）

☆〈解答〉　①いいえ　②はい　③はい　④はい　⑤いいえ

STEP 1

# 第4課　日本茶

◇ふだんどこで、どんな飲み物をよく飲んでいますか。

　　日本茶が大好きな米国人がいる。おいしい入れ方を研究し、毎日飲んでいるという本格派だ。彼が日本に来て喫茶店に入り、当然のように日本茶を注文した。「日本茶はありません」「オゥ!?」

　　理由を聞かれて困ってしまった。日本ではカネを払って日本茶を飲む習慣がない。なぜなら、お茶は水や空気のように日常に欠かせない存在で……。言っている方が分からないのだから納得してもらえるはずがない。

　　もちろん日本茶にもコストはかかる。百グラム1,000円の上質葉なら一杯分約20円。コーヒーの原価と大差はない。なのに、その意識があまりないのは、「お茶はごちそうになっていいがコーヒーはダメ」という公務員倫理規定でも明らかだ。

　　そこまで言っても追及はやまない。「自動販売機ではコーヒーも緑茶も110円。君の説明ではどうなる？」。かの国には「お茶を濁す」に相当する言葉はないと見える。
（注）
　　　　　　　　　　　　　　　　　　　　　　　　　　　　　　[日本経済新聞「鐘」(1997.7.16.)より]

（注）お茶を濁す：はっきり言わないで、ごまかす

◆だれがだれに何を「追及」しましたか。（解答はp.131）

# 第5課　初月給

◇あなたは初めて給料をもらった時、何に使いましたか。

☆文中の［　］の中からどちらかを選びながら、読みなさい。

　16日の夜、息子が帰ってくるなり、給料を封を切らない袋ごと渡して［くれた／あげた］。
①
　この4月から公務員に奉職した初めての給料を、今まで育ててくれたお礼に、全部
［くれる／もらう］というのである。
②
　これほど親孝行に育てた覚えはないので、一瞬戸惑いながらも、まずはありがたく
頂戴し、仏壇に供えた。
　そのあと、ビールの酔いもあって2時間ほど、うたた寝をしてしまった。気がつい
て、先ほどの給料袋を「気持ちだけは［さしあげて／頂いて］おく」と、息子に返し
③
に行くと、「いいよ、いいよ」と言いながらも、内心ホッとした様子で受け取って［く
れた／あげた］。
④
　息子いわく、初月給をどう使ったら両親に一番喜んで［あげられる／もらえる］か、
⑤
上司に相談したところ、「袋ごと渡したら。両親が鬼か蛇でもない限り、全部持って行
ってしまうこともないだろうから」と、アドバイスをして［くれた／あげた］そうで
⑥
ある。
　それを実行したわけであるが、私がうたた寝をしてしまった2時間は、息子にとっ
てはかなり長い時間だったらしく、「もしかして、うちの両親は鬼か蛇か。全部とられ
てしまったら、せめて交通費と昼食代は貸して［あげよう／もらおう］」と、一人悩ん
⑦
でいたそうである。

　　　　　　　　　［『袋ごとくれた息子の初月給』三浦武　朝日新聞「声」(1996.4.22.)より］

◆結局この初月給はだれが使うことになりましたか。（解答はp.131）

STEP 1

# 第6課　咀嚼力
(注1) そしゃくりょく

◇日本料理は、軟らかいものが多いと思いますか。硬いものが多いと思いますか。

　「米国のステーキは肉が硬くてまずいよ」。よくそう言われる。先日、米国出張した時も、そんな助言に従ってステーキは遠慮していた。ところが、ステーキだけでなく、実はかなりの食べ物が"硬い"ことに、すぐ気づいた。

　たとえばサンドイッチ。日本なら耳をとった軟らかい食パンにハムや野菜などが上品に挟まれているが、米国では、フランスパンの兄貴分のような硬くて大きなパンに、肉や野菜がぎっしり詰まったものが主流。口を大きく開けて、かみちぎらないと、それこそ歯が立たない。口の中に入れた後も、なかなか粉砕できないので、よくよくアゴを使うことになる。サイズが大きいせいもあるが、そのうち疲れ果てて食べきれないことも多かった。

　街中の屋台で売っているドーナツのお化けみたいなリング状の菓子も、簡単にはかみ切れない。ステーキの方がむしろ軟らかく、「おいしい」と感じたくらいだ。

　とにかくアゴが疲れた。1か月ぶりに帰国して、米飯と刺し身をつまむと、軟らかくてすぐのどを通り抜け、感激した。

　ただ、これでいいのかとも思う。かむことは脳の機能や心にも関係があるという。米国人のアゴは日本人に比べて頑丈に見えた。ガブリかみつく食べ方も迫力があった。それが最近の日米関係を反映しているようで、なんだか不安になる。「ガツン」という前に、「ガブリ」とやらなくてはいけないのかもしれない。

［読売新聞「チャット」（1999.2.16.）より］

（注1）咀嚼力：かんで細かくする力
（注2）「ガツン」という：強い口調で相手の悪い点をはっきりと言う

◆筆者は、何が「不安になる」と言っていますか。（解答はp.131）

# 第7課　壊れたと壊したは違う

◇大事にしていたものを、壊してしまったことがありますか。

☆文中の［　］の中からどちらかを選びながら、読みなさい。

　小学6年のとき、父に買ってもらったガラス製の筆立てを落として割ってしまった。
「買ってやった筆立てはどうした」
　失くなっているのに気がついた父が、たずねた。
「［壊れ／壊し］①ました」
　軽い気持で答えると、急に語気を強め、
「もう一度言ってみろ」
　あっ怒られるな、と一瞬思った。でも、もう一度オズオズと言った。
「［壊れ／壊し］②ました」
　すると、いきなり平手で頬を張り飛ばされて、私はあお向けに畳の上に転倒した。わけもわからず呆然とする私を、父は顔に青筋をたて、にらみ下ろすと、
「ちゃんと言ってみろ。おまえが［壊れ／壊し］③たんだろう。それとも、ジーッと見ているうちに、筆立てが自然にパカッと割れたのか」
　とてつもなく威圧的な声だった。私は喉をヒクつかせながら、つまる声で答えた。
「落っことしました」
　すると、父は少し声を落として、
「そんなのは、［壊れ／壊し］④たというんだ。［壊れ／壊し］⑤たというのとはぜんぜん違うんだ」
　そして紙に鉛筆で、「壊れた」「壊した」と書き、私の顔につきつけると、
「どうだ、違うだろ、ハッキリしろ、これからも、ずっと、そうしろ」
　と命令した。父が立ち去ったあと、私はくやしくて嗚咽が止まらなかった。正直いってなんとひどい親だろうと恨みもした。
　明治生まれの父は、格別の教養もなく、保険会社の支店長までつとめたありふれた日本男児である。血圧が高く、趣味みたいに怒っていた。長女の私は、父の怒りをもろにかぶっていた。
　その父も10年前に亡くなったが、今思うと、けっして子どもに媚びず、手かげんしなかった生き方は立派ではないか。おかげで、自分で考え行動する習慣がついたし、そういう意味では感謝している。

[向田邦子『男どき女どき』（新潮文庫）より]

◆父親はなぜ「青筋をたて」て怒ったのですか。（解答はp.131）

STEP 1

# 第8課　シルバーシートに座ろう

◇シルバーシートを知っていますか。シルバーシートをどう思いますか。

　「シルバーシートにわれ先に座ろう会」という変わった会が、盛岡市で発足した。真っ先に座って席を確保、お年寄りが乗ってきたらそれをさっと譲る。

　メンバーは中高年の男性会社員9人。かねて優先席を占拠する若者などに注意はしてきた。が、その都度気まずさが残る。それならと考えた対抗策がこれだ。なるほど、いい手かもしれない。

　旗揚げは先週紹介した阪急電鉄の全席優先席化に後押しされてのことという。優先席を巡っては、多くの人が日ごろから様々なうっぷんを抱えている。ほかにもいくつか手紙などを頂いた。

　6年間通院中の67歳の男性は、優先席での若者の「居眠り症候群」に泣かされる毎日という。ある女性は、妊娠中、無理に割り込んできた男性とイス取りゲームになった怖い経験を寄せて下さった。

　基地の街横須賀育ちという女性の目撃談にはため息をつくほかなかった。「お年寄りの姿が乗車口に見えた瞬間、あちこちに座っていたアメリカ人が6人も、一斉に立ち上がったのです」。

　これなら優先席はいらない。全席優先席とわざわざ強調する必要もない。これこそが阪急電車が最終的に目指す文化でもあろう。が、われ先に立つためにわれ先に座るという皮肉な現実を思えば、道は遠い。

[読売新聞「編集手帳」(1999.2.21.)より]

（注1）盛岡市：東北地方、岩手県の都市の名
（注2）阪急電鉄：近畿地方の鉄道会社の名
（注3）基地：アメリカ軍施設のあるところ
　　　　横須賀：神奈川県の都市の名

◆「われ先に立つためにわれ先に座る」とは、どういうことですか。（解答はp.131）

# 第9課　夫と息子のドブ掃除

◇家族みんなで一緒に家の仕事をしたことがありますか。

☆（A）から（D）を、話が続くように並びかえなさい。

---

　8月31日、その日だけ部活動のない息子と、夫は2人でドブ掃除をした。昨今はわが息子とて、家の仕事をさせるのに早くから予約をしなければならない。息子にOKをもらってから、夫は休暇をとった。

（A）　コンクリートの側溝のフタをバールであけ、水を流して洗う。数年間の汚泥は大量にたまり、大変な作業だったが、20メートルほどを夕方までかかって終えた。

（B）　翌朝夫は、筋肉痛のまま出勤した。見送って家に入ると、息子から、「母上」と敬称で呼ばれた。そらっ、来た。お金を要求するときだけ敬称がつく。「大を1枚、出世払いで」。いつもなら一言のたまうところだが、まあ今回はいいか……。

（C）　先に音をあげたのは夫。初めの勢いはどこへやらで「疲れた、疲れた」を連発。ふろあがりに湿布薬を背中や足にたっぷりとすり込み早々と寝てしまった。
　　高校生の息子は、さすがに若いだけのことはある。自転車で往復36キロの登下校をこなし、そのうえ野球部員だ。余裕を残して夕飯を食べると、たまりにたまった夏休みの宿題を始めた。体力に物を言わせた一夜づけである。

（D）　朝食を済ませて、早速仕事に取りかかった。ゴム長グツに履きかえた夫は、サンダル履きのままの息子が気にいらぬ。「仕事をする格好じゃない」と小言をいう。それでもとにかく、仕事を始めた。

　とたんに娘の声が飛んできた。「出世しなかったらどうするの？」。噴き出した。息子は涼しい顔のままである。全員を見送った目に青空がまぶしかった。

[丹羽幸江　朝日新聞「ひととき」（1995.9.8.）より]

（注）のたまう：言う

---

◆次の朝、息子はなぜ「母上」と呼びかけましたか。（解答はp.131）

☆〈解答〉　（D）→（A）→（C）→（B）

STEP 1

# 第10課　ストレスに弱い男

◇ストレスを感じることがありますか。

　近頃は、いろんな場所で、初老夫婦が連れ立って買物をしたり仲良くリュックサックを背負ってハイキングに出掛けたりする姿を目にする。
　不幸にも伴侶をなくしてしまった人もおられるのだから、夫婦揃って老境を迎えられた人は、かなり運もよかったのだ。
　せっかくここまできたのだから、あとはできるだけ長持ちさせたいという意識が、このところ顕著にあらわれているのかもしれない。が、はつらつとした女性陣にくらべ、どうも男性陣はもうひとつ元気がないように見える。
　それにつけても思い出すのが、かつて私が科学番組「ウルトラアイ」を司会していた頃に行ったストレス実験である。
　ストレスに対しての反応は、男と女でどうちがうかを、猿に託して調べた。猿はつめたい水に浸けられるのが大変なストレスになる。そこで、年齢も体格も同じで元気なオスとメスの猿を、1時間半、水に浸けて、そのあと内視鏡で胃をのぞいてみたのである。
　まずメスの猿の胃はそのままで何も変化もない。だが、オスの猿の胃壁はかなり出血していて胃潰瘍の前兆のようになっていた。メスよりもオスの方がストレスに対しては弱いのである。
　その原因は、女性には黄体ホルモンとか卵胞ホルモンという、男性にはないホルモンが分泌され、心理的不安をやわらげたり、血管の弾力を強めたりしているかららしい。ストレスに関しては女性の方が強く、それが男女の平均寿命の差となってあらわれている。
　ストレスは足し算でなく掛け算でやってくるという。
　どうか男性諸君、ストレスに弱いことを自覚して、年をとってからいやなことまでがまんしてやらないでほしい。ストレス解消に酒やゴルフもいいが、すべて楽しくやるべきで、いやな奴と飲む酒や無理なゴルフづきあいはストレスを増幅させ、寿命も縮める。

〔山川静夫　日本経済新聞「あすへの話題」（1998.6.20）より〕

◆筆者は、男はなぜストレスに弱いと言っていますか。（解答はp.131）

# STEP 2

# 第1課　あいまいな言葉

**Warm-up**　ちょっと考えてみましょう。

1　「頑張る」という言葉は、どんな時に使っていると思いますか。
2　「頑張る」という言葉が好きですか。自分が使う時と、人から言われた時を比べて考えてみてください。

**Keywords**　次の言葉から、本文の内容を予測しましょう。

頑張る　　プレッシャー　　実力　　発揮する　　スポーツ大会
いい成績　　車いす　　励ます　　無神経　　残酷

STEP 2

# あいまいな言葉

　新聞に載った「企業トップの年頭あいさつ」のうち、丸紅の鳥海巌社長の話した一節が、おもしろかった。

　「日本人は、本来まじめだ。『頑張る』と思わないでも、自然に頑張ってしまう。『頑張る』というと、かえってプレッシャーを受け、固くなって実力を発揮できず、はかばかしい結果を得られないことが多い。社員諸君、『頑張る』と口に出すな」。

　そういった趣旨だ。鳥海さんは昨冬、1カ月を超える闘病生活をした。それで、ものの見方を深めることができた、という。「あなた方はプロなのだから、自分の仕事をエンジョイしながらやれ」とも説いた。

　たしかに私たちは、自分に対しても他人に向かっても、「頑張る」とか「頑張ろう」「頑張れ」と、しばしば口にする。スポーツ大会の選手宣誓で「頑張ります」と誓う。「頑張って勉強して、いい成績をとれ」と子供にハッパをかける。「頑張って、早く元気になってください」と病気の人を見舞う。労働組合の集会で、ガンバローとこぶしを振り上げる。

　しかし、考えてみると、この言葉の意味合いは、かなりあいまいだ。同僚が、車いすを使っている人の、こんな体験を聞いた。「昔から『足が不自由でも頑張ってね』と何度もいわれた。その裏には『足が不自由イコール不幸』という意識があるように思った。私にとっては生まれたときから付き合ってきた足だし、このままで十分幸せに生きていけるのに」。

　耳の聞こえない子供に、先生が「頑張れ」と繰り返し声をかけた。その子は、いった。「私は頑張っている。でも、どこまでやっても、頑張れ、としかいわれない」。先生は励ましたつもりだろうが、なにを、どの程度、どうすればいいのか、はっきりしない。

　「頑張る」は、どこか、せかせかした感じだ。「頑張れ」には、<u>ときに無神経で残酷な響きがある</u>。

[朝日新聞「天声人語」(1996.1.17.)より]

(注1)　丸紅：会社の名前
(注2)　ハッパをかける：強い調子で励ます

第1課　あいまいな言葉

# 内容の問題

I　1〜7を読んで、本文の内容と合っているものに○をつけなさい。

1　（　）　丸紅の社長は、社員に「もっと頑張れ」と言った。
2　（　）　社長は、病気をしてから考え方が変わったようだ。
3　（　）　「頑張る」という言葉の意味は、とてもはっきりしていてわかりやすい。
4　（　）　「頑張る」は、スポーツ大会や労働組合の集会など、これから何かを始めるという時にも使う。
5　（　）　車いすを使っている人に、「頑張って」と声をかける人は多いようだ。
6　（　）　ある車いすを使っている人は、「足が不自由なことは不幸なことである」とは思わないと言った。
7　（　）　ある耳の聞こえない子供は、先生に「頑張れ」と言われて、とてもうれしかったと言った。

II　「頑張れ」という言葉について、筆者がこの文章で言っていることは何ですか。1〜4から最も適当なものを1つ選びなさい。

1　いい結果が得られることが多いので、もっと使ったほうがいい。
2　意味があいまいなので、使い方には気をつけたほうがいい。
3　わかりやすい言葉なので、いろいろな場面で使える。
4　プレッシャーを与える言葉なので、他人に対しては使われない。

III　「頑張れ」にはどうして「ときに無神経で残酷な響きがある」のでしょうか。1〜5から理由として適当なものを2つ選びなさい。

1　もともと自分に対して使う言葉で、他人に使う言葉ではないから。
2　社会的な地位や年齢の高い者が、低い者に対して使う言葉だから。
3　すでに十分頑張っていても、もっと要求される感じを受ける言葉だから。
4　障害を持っている人にだけ使う言葉だから。
5　何をどう頑張ったらいいのか、具体性がないから。

STEP 2

# 言葉の問題

Ⅰ ①〜⑤の言葉の意味をa〜eから選び、（ ）に記号を書きなさい。

① 発揮する　（　）　　　a　元気を出すように声をかける
② 得る　　　（　）　　　b　わかりやすく説明する
③ 誓う　　　（　）　　　c　手に入れる
④ 説く　　　（　）　　　d　必ずそうすると約束する
⑤ 励ます　　（　）　　　e　十分に出す

Ⅱ Ⅰの①〜⑤から適当な言葉を選び、必要なら形を変えて、_____に書きなさい。

1　大地震で家や家族を失った人達を＿＿＿＿＿ため、全国からたくさんの手紙が寄せられた。
2　努力しないで、いい評価を＿＿＿＿＿と思ってもだめだ。
3　試験の日に高い熱が出てしまい、ふだんの力を＿＿＿＿＿ことができなかった。
4　今朝の集会で、校長先生は生徒達に命の大切さについて＿＿＿＿＿。
5　教会の結婚式で、二人は永遠の愛を＿＿＿＿＿、指輪の交換をした。

Ⅲ 1〜5の～～～の言葉に注意して、続きとして適当なものをa〜eから選び、＿＿＿＿に記号を書きなさい。

1　「頑張れ」は本来＿＿＿＿。　　　　　　　　　a　声をかけ合う
2　試合で「頑張れ」と言われてかえって＿＿＿＿。　b　やる気が出るものだ
3　挨拶代わりに「頑張って」としばしば＿＿＿＿。　c　自信をなくした
4　「頑張れ」という言葉にはどこか＿＿＿＿。　　　d　急がせる感じがある
5　「頑張って」と言われないほうが自然に＿＿＿＿。　e　励ますための言葉だ

# 第2課　働くことが丸ごとの人生

**Warm-up** ちょっと考えてみましょう。

1　「イソップ物語」の「アリとキリギリス」の話を知っていますか。
　　アリとキリギリスにはどんなイメージがありますか。
2　あなたは働くことが楽しいですか。

**Keywords** 次の言葉から、本文の内容を予測しましょう。

遊び　　　ラク　　　労働　　　辛抱する　　　価値観
家族愛　　　　自己表現　　　喜び　　　感謝

## 働くことが丸ごとの人生

　「アリとキリギリス」のたとえがある。汗水たらして働くアリを笑って遊んでいたキリギリスが、冬になったら困って、アリに「そら、見ろ」と言われちゃった、というあれである。
　このたとえには「遊び」はラクで「労働」はつらい、でも辛抱しなきゃ、という価値観がこめられている。
　けれど、世間には遊んでいるより働く方が楽しくて、という人も少なくない。
　今週の火曜ゴールデンワイド「24時間フル開店！みんな頑張ってます」（テレビ東京）には、そういう人が数多く登場した。よく働く人たちがいるもんだ、と驚きつつも面白かった。
　なにしろ早朝、深夜、予約をすればいつでもという美容師さん、四十年間、店のガスの栓を閉めたことも、シャッターを下ろしたこともないそば屋さん、携帯電話のスイッチを切らない二十四時間営業で、依頼があればどこへでも出掛けていく便利屋さん。
　ほかにもケーキ屋さん、薬屋さんなど寝る間も惜しんで働く人々ばかり。その姿を見ていると、「お金のためとか将来のためにつらさに耐えて」というのではない。つまり、彼らにとって、働くことが丸ごとの人生で、その中で遊びも友情も家族愛も自己表現の喜びも感じている、そういう心境にまで達してしまっている人たちなのだなあ、という気がした。
　「家計のためよ、仕方がないわ」とか「いずれはラクして遊んでやるゾ」とか、はしたなく言って、世のキリギリスたちをうらやんでいる私などは、まだ修行が足りない。
　働くことこそが喜びとなる境地にまで至らなきゃ、と妙に反省してしまった。
　で、その境地に至るコツはなにか。むろん自分の好きなことを仕事にすることが大事らしいが、画面に登場した人たちのほとんどが、決してお金持ちではないけれど、働けば働くほど「ありがとう」と感謝されている。
　私も扶養家族の息子からもう少し感謝されれば、働く喜びが高進するかも……。

［久田恵　朝日新聞「チャンネル」（1996.3.15.）より］

（注1）火曜ゴールデンワイド「24時間フル開店！みんな頑張ってます」：テレビ番組の名前
（注2）便利屋さん：他人の家事や雑用など、何でもやることを仕事にしている人

第2課　働くことが丸ごとの人生

## 内容の問題

I　1～6を読んで、本文の内容と合っているものに○をつけなさい。

1　(　)　「アリとキリギリス」のたとえでは、キリギリスが遊んでいる時もアリは働いていた。
2　(　)　テレビ番組に出ていた人達は、寝る時間を減らすことはない。
3　(　)　テレビ番組に出ていた人達は、働いている時が楽しい。
4　(　)　筆者はキリギリスのように楽な生活をしている。
5　(　)　筆者は働くことに喜びを感じなければと反省した。
6　(　)　テレビ番組に出ていた人達は、働くことによって人から感謝されている。

II　[　]の中から、本文の内容と合っているほうを選びなさい。

　「アリとキリギリス」のたとえには[遊び/労働]①はラクで、[遊び/労働]②はつらい、でも辛抱しなきゃ、という価値観がこめられている。けれど、世間には[遊んで/働いて]③いるより[遊ぶ/働く]④ほうが楽しくて、という人も少なくない。

　「24時間フル開店！みんな頑張ってます」というテレビ番組には、そういう人が数多く登場した。とにかくよく[遊ぶ/働く]⑤。彼らにとっては働くことが丸ごとの人生で、その中で遊びも友情も家族愛も自己表現の喜びも感じている、そういう心境にまで達してしまっている人達なのだ。[遊んで/働いて]⑥暮らしている人達をうらやんでいる私とは、大違いだ。

　[遊ぶ/働く]⑦ことこそが喜びとなるためには、自分の好きなことを仕事にすることが大事らしいが、それだけではない。彼らのほとんどが、お金持ちではないけれども[遊べば遊ぶ/働けば働く]⑧ほど「ありがとう」と感謝されている。私ももう少し息子に感謝されれば、[遊ぶ/働く]⑨喜びが得られるかもしれない。

# STEP 2

## 言葉の問題

I ①〜⑤の言葉の意味をa〜eから選び、（ ）に記号を書きなさい。

① たとえ　　　　（　　）　　　a　一家の収入や支出の状態
② 価値観　　　　（　　）　　　b　小さく分けずに全部
③ 丸ごと　　　　（　　）　　　c　物事をうまくやるための独特な方法
④ 家計　　　　　（　　）　　　d　物事の大切さや意味についての考え方
⑤ コツ　　　　　（　　）　　　e　何かを説明するための例

II Iの①〜⑤から適当な言葉を選び、＿＿＿＿に書きなさい。

1　海外旅行は今の＿＿＿＿を考えると、当分は無理だ。
2　「ウサギとカメ」という昔話は、「物事はゆっくり確実に進めたほうがいい」という＿＿＿＿に使われる。
3　紅茶をおいしくいれる＿＿＿＿は、まずカップを温めておくことだ。
4　あの人とは＿＿＿＿が全く違うので、結婚してもうまくいかないだろう。
5　オーブンでりんごを＿＿＿＿焼いて、お菓子を作った。

III 1〜5の〜〜〜の言葉に注意して、続きとして適当なものをa〜eから選び、＿＿＿に記号を書きなさい。

1　なにしろ働くことが好きで、＿＿＿。　　　a　家族を養うためだ
2　あんなに働いていたら、いずれ＿＿＿。　　b　あくびばかりしている
3　働いているのはむろん＿＿＿。　　　　　　c　倒れてしまうにちがいない
4　働き者の彼が今日は妙に＿＿＿。　　　　　d　楽ではない
5　秘書の仕事は決して＿＿＿。　　　　　　　e　休日も休みたくないと言う

# 第3課　サービスのコスト

**Warm-up**　ちょっと考えてみましょう。

1　新幹線などの長距離電車に乗っているあいだ、何をしていることが多いですか。

2　車内のアナウンスについてどう思いますか。

**Keywords**　次の言葉から、本文の内容を予測しましょう。

| | | | |
|---|---|---|---|
| くつろぐ | 呼び出し放送 | 腹立たしい | 緊急 |
| 連絡 | サービス | 迷惑 | 電話の取り次ぎ |
| 権利 | 義務 | コスト | |

## サービスのコスト

　関西への出張でよく新幹線を利用する。私は新幹線の中では、いつも読書をしたり、移り変わる外の風景を楽しんだり、あるいは夢うつつでくつろいでいる。目的地に着くまでの数時間はだれにも拘束されない貴重な時間と空間なのである。

　先日もそんな車中、「東京都○○区の○○さん、最寄りの電話口までおいでください」といったあの呼び出し放送が流れ、ハッと現実の世界へ引き戻されてしまった。大阪につくまでに、ほぼ十回ほど同じような放送があった。

　自分の世界でゆったりとしている時間を他人の都合で中断されるのは何とも腹立たしい。呼び出された人も乗客への気遣いに心を痛めているのではないか。

　親の危篤だとか緊急の時、連絡いただけるのは、大変ありがたい。しかし、こうした一人に対するサービスを一方では大勢の乗客が迷惑だと思っているとしたら、それは本当のサービスと言えるだろうか。

　携帯電話については「デッキでお願いします」というアナウンスが徹底していてかなり改善されたと思う。

　思いつきだが、電話の呼び出しについて提案したい。「新幹線の中での電話の取り次ぎは、指定席の方々に限り車掌が直接うかがいます。ただし有料です」としてはいかがか。

　社会の中には権利と義務がある。自分にとってプラスの場合は、それ相応のコストを払うのが世の中のルールではなかろうか。義務とは指定席料と呼び出し料を払うことである。そのためには何号車の何番に乗っているということをあらかじめ家族とか会社に伝えておく几帳面さが求められる。

　及びもつかぬ緊急事態発生の時には、車内放送による呼び出しが許されてもよいと思うが。

　われわれは、自分の思い通りになればサービスが良いと思いがちだが、その要求が行き過ぎると、逆に多くの人に迷惑とコストを強いていることになる。心すべきことではないか。

[大野剛義　日本経済新聞「あすへの話題」（1997.4.12.）より]

（注）デッキ：新幹線や長距離電車の出入り口付近のスペース

第3課　サービスのコスト

# 内容の問題

I　1～6を読んで、筆者がいいと思っていることに○をつけなさい。

1　（　　）新幹線の中で、読書をしたり風景を見たりしてくつろぐこと。
2　（　　）他人を呼び出す放送で現実に引き戻されること。
3　（　　）親の死を知らせる家族からの電話のために、呼び出されること。
4　（　　）一人でも便利だと思う人がいれば、そのサービスをすること。
5　（　　）「携帯電話のご使用はデッキでお願いします」というアナウンスをすること。
6　（　　）自分の思い通りになるようなサービスを強く求めること。

II　筆者は、新幹線の中では、電話の取り次ぎをどうしたらいいと言っていますか。[　] の中から、本文の内容と合っているほうを選びなさい。

1　取り次ぎのサービスを［無料に／有料に］する。
2　[乗客全員に／指定席の人にだけ] 取り次ぎをする。
3　取り次ぎをする時は、[車掌が席まで行く／アナウンスで呼び出す]。
4　アナウンスで電話の呼び出しをするのは、[完全になくす／緊急の時だけにする]。

III　筆者が最も言いたいことは何ですか。1～4から1つ選びなさい。

1　新幹線の車内のサービスはすべて有料化すべきである。
2　自分にとっては便利でもほかの大勢の人にとって迷惑なことは、良いサービスとは言えない。
3　携帯電話は座席で使うとほかの人に迷惑なので、デッキで使うべきだ。
4　車掌の義務として、だれにも拘束されない時間と空間を乗客にサービスしなければならない。

# STEP 2

## 言葉の問題

I ①〜⑤の言葉の意味をa〜eから選び、（ ）に記号を書きなさい。

① 中断　　　（　）　　a　何かにかかるお金
② 徹底　　　（　）　　b　前よりよくすること
③ 改善　　　（　）　　c　得、利益になること
④ プラス　　（　）　　d　物事を完全にすること
⑤ コスト　　（　）　　e　続いている物事を最後まで終わらないうちにやめること

II Iの①〜⑤から適当な言葉を選び、＿＿＿に書きなさい。

1　違う職業の人の話も、意外に自分の仕事に＿＿＿＿になるものだ。
2　この雑誌はカラーページが多い。＿＿＿＿がかかっているにちがいない。
3　電話がかかってきて自分の仕事が＿＿＿＿されるのは、いやなものだ。
4　労働条件が＿＿＿＿され、社員のやる気が出たのか、業績も伸びた。
5　社内の連絡が＿＿＿＿していなくて、会議ができなかった。

III 1〜5の＿＿の動詞に続く適当な動詞を［　］から選び、必要なら形を変えて＿＿＿に書きなさい。

[ 変わる　過ぎる　出す　つく　次ぐ ]

1　子供の成績があまりに悪く、先生に呼び＿＿＿＿中学校へ行った。
2　父はボーイフレンドから電話がかかってくると、取り＿＿＿＿くれない。
3　季節によって移り＿＿＿＿山の景色を見るのが楽しみだ。
4　私は会議中より入浴中に新しいアイディアを思い＿＿＿＿ことが多い。
5　民主化を求める運動が行き＿＿＿＿、死傷者まで出てしまった。

# 第4課　単身赴任は肥る
たんしん ふ にん　ふと

**Warm-up** ちょっと考えてみましょう。

1　単身赴任を知っていますか。身近な人で、単身赴任をしている人がいますか。

2　単身赴任をする場合、どんなことに注意をしたらいいと思いますか。

**Keywords** 次の言葉から、本文の内容を予測しましょう。

単身赴任　　自己管理　　食生活　　栄養不足　　不安感

過食　　ダイエットのチャンス　　電話機　　精神的な支え

STEP 2

## 単身赴任は肥る

　今、日本全国というより、全世界に単身赴任のサラリーマンがあふれている。
　五、六年前、三井信託銀行におられた山本博一氏が「単身赴任ウロ覚え」という、小冊子を出されたが、これはなかなか実感がこめられていて、単身赴任の好ガイド・ブックであった。
　山本氏によれば、単身赴任は「自己管理の精神を鍛えるいい機会」と考えるべきで、その自己管理とは、要するに精神的飢餓感との戦いなのだという。
　単身赴任者はたえず自分が貧しい食生活を送っており、従って栄養不足におちいる、という不安感に悩まされている。その不安感に駆り立てられるようにして昼からそばの代わりにカツ丼を食べてしまう。
　パーティーに出席しても、どうしても食べ過ぎてしまう。社宅のマンションのバターくらいしか入っていない、空っぽな冷蔵庫の中がうかんできて、過食に駆り立てられるのである。
　夜道を帰っても、「このままだと、腹が減って寝つかれないのではないか」という恐怖感に襲われ、ついラーメンをかきこんだりする。
　その挙句、単身赴任性肥満になって、高血圧や高コレステロールに苦しむ結果になってしまう。
　単身赴任をしたら、むしろダイエットのチャンス到来と考えて、干物と納豆の定食といった低カロリー食しか取らないようにする。休日などは一食抜いたほうがいいみたいである。
　それと、山本氏は無理をして自炊するな、という。包丁で指でも切れば実害があるし、また料理がうまくゆかないとがっくりきて、かえってストレスが溜まるものなのだそうだ。
　ただし食器は沢山数を揃えて、持って行ったほうがいい。食器を一人分だけ持ってゆくと、いかにもみじめな感じがつきまとい、食事の度に情緒が不安定になりやすい。
　ついでにワイシャツ、肌着もたっぷり持っていったほうがよろしい。洗濯に追われるなんてことが、老人臭いイメージを与えてしまう、という。この辺は妙に実感の伴うガイドラインだ。
　これは私が聞いた話だが、単身赴任の場合は、できるだけ電話のコードを長くするのが、精神衛生上よろしいらしい。
　電話のコードを長くして風呂場やトイレ、寝室の枕元に持ちこめるようにする。中高年者は風呂場やトイレで倒れる危険も少なくないから、常に電話機持参で動きまわる。
　手もとに電話機があれば、外部と繋がる手段がある、ということで、精神的な支えになるのである。
　単身赴任者を見ていると、日本の男の繊細さ、気弱さがソクソクと迫ってくる。単身赴任

を絶好の浮気の機会、と捉えるような猛者には、実のところあまりお目にかからない。日本の男は女房がいないと浮気もできないのかもしれない。

［深田祐介『地球味な旅』（新潮文庫）より］

（注1）飢餓感：貧しい、足りない、と強く感じること
（注2）ソクソクと迫る：確実に伝わる
（注3）猛者：強くて、たくましい人

# STEP 2

## 内容の問題

I　1～7を読んで、本文で単身赴任者(たんしんふにんしゃ)によく見られると言っていることに○をつけなさい。

1　（　）　昼食にカツ丼(どん)ではなく、そばを食べる。
2　（　）　自分の食生活は貧(まず)しいとは思っていない。
3　（　）　パーティーに出ると、つい食べ過ぎる。
4　（　）　冷蔵庫(れいぞうこ)には食べ物がいつもたくさん入っている。
5　（　）　夜遅く帰るとき、途中(とちゅう)でラーメンを食べたりする。
6　（　）　高血圧(こうけつあつ)や高コレステロールになりやすい。
7　（　）　料理がうまく作れないと、ストレスが溜(た)まる。

II　1～6を読んで、本文で単身赴任者にすすめていることに○をつけなさい。

1　（　）　カロリーの低い食事をとる。
2　（　）　毎日必ず三食とる。
3　（　）　外食はしないで、自炊(じすい)する。
4　（　）　食器は一人分だけ揃(そろ)える。
5　（　）　ワイシャツや下着をたくさん持っていく。
6　（　）　いつも電話機を身近(みぢか)に置いておく。

III　「日本の男は女房(にょうぼう)がいないと浮気(うわき)もできない」という部分からわかる、筆者(ひっしゃ)の日本人男性に対する気持ちは次のどれですか。1～4から最も適当なものを1つ選びなさい。

1　うらやましい
2　ずるい
3　情けない
4　たくましい

第4課　単身赴任は肥る

## 言葉の問題

I　①〜⑤の言葉の意味をa〜eから選び、（　）に記号を書きなさい。

① あふれる　　（　　）　　a　少しずつ増えてたくさんになる
② こめる　　　（　　）　　b　いろいろ練習をして、強くする
③ 鍛える　　　（　　）　　c　あちらにもこちらにも大勢いる
④ 溜まる　　　（　　）　　d　中に入れる。含める
⑤ 伴う　　　　（　　）　　e　ついてまわる

II　Iの①〜⑤から適当な言葉を選び、必要なら形を変えて、＿＿＿＿に書きなさい。

1　若い時は、スポーツなどで体を＿＿＿＿おいたほうがいい。
2　ラッシュアワーに起きた電車事故のため、ホームは通勤客で＿＿＿＿いた。
3　この料理は皆さんに喜んでもらおうと、心を＿＿＿＿作りました。
4　成功には苦労が＿＿＿＿ものです。
5　仕事の疲れが＿＿＿＿時は、温泉にでも行くといいですよ。

III　1〜7の（　）入る漢字をa〜fから選び、例にならって記号を書きなさい。（二度使うものもあります）

[ a 感　b 不　c 高　d 過　e 上　f 小 ]

例：（ f ）冊子

1　（　）血圧　　　　2　不安（　）　　　　3　栄養（　）足
4　精神衛生（　）　　5　（　）食　　　　　6　（　）安定
7　恐怖（　）

# 第5課　先送りされる「結婚」

**Warm-up** ちょっと考えてみましょう。

1　占いを信じますか。
2　何か占ってもらいたいことがありますか。

**Keywords** 次の言葉から、本文の内容を予測しましょう。

手相占い　　　女子高校生　　　生命線　　　運命鑑定
結婚願望　　　少子化　　　　　不景気

## 先送りされる「結婚」

　東京・上野広小路の繁華街で「コンピューター手相占い」を営む人がいる。いつも学校帰りの女子高校生が列を作っているから人気なのだろう。

　「感情線、知能線、生命線、総合線を分析し、コンピューターデータがあなたの運命をお答えします」。手のひらをコピー機に乗せると「占いの結果」が印刷される。"見料" 300円。どこにでもある、おみくじをコンピューター化？したような商売である。

　占いを手にした女子高校生に「おじさんに見せてくれよ」と声をかけると「いいよ」。どれどれ。「あなたは聡明で理論的な思考力と、レイリな観察力の持ち主。強い自信と寛大さで人に接するので多くの人から尊敬と信頼を受けるタイプ」と書いてある。

　「おじさん、このレイリって何のこと？」と逆に質問される。「レイリ？　多分、怜悧。かしこい、ということ」「なーんだ、良いことなんだ」

　「なぜ、ここに来たの？」「良く当たる、とクラスで評判だもん」。これだけほめられたら、クラスで自慢する生徒が現れて不思議ではない。「それに、話がおもしろいんだ」と女子高校生。運命鑑定の「先生」とおぼしき中年の男性の後ろに、しばらく立って観察した。彼は口上が上手で、決してお客さんを傷つけない。客が自慢にしているところを言い当てる。「お嬢さん、明るいネ」「脚のきれいな人は……」

　ここだけの話だが、露店商の親分に「街頭易者(注)のノウハウはまず、奥さん、意外と神経質ですネ、と切り出すこと」と教えてもらったことがある。

　コンピューターは小道具で、本当の勝負どころは話術なのかもしれない。

　ところが、なぜか「先生」の口から「結婚」という言葉がなかなか出てこない。「結婚」は占いの最重要テーマのハズだが……。なぜだろう。

　その夜、2カ月に一度送ってくれる結婚情報サービス業「オーエムエムジー」の調査結果を読んでみた。

　30代独身ＯＬの調査。「結婚願望あり」が90.5％、と大多数だが、「結婚しても個人の生活を守る」が87.5％、「出来れば夫と同居したくない」が28.5％。「世の中結婚しなくても生きていける」が87.2％。

　かなり結婚観は変わっている。

　更に勉強する。幾分、古くなるがTBS調査部のデータ。13歳から17歳の女性に「何歳で結婚したい？」と聞いた結果。1981年には「22〜23歳」が一番多い回答だったが、97年は「25歳」。10代の女性にとって結婚は"先送り"されている。

　占師はその辺の時代を的確に捕らえているのだろう。

## STEP 2

　少子化が不景気の原因──と分析している当方は「当分、景気は良くならない」と占ってしまった。

[毎日新聞「牧太郎のここだけの話」(1999.2.2.) より]

（注）街頭易者：道で占いをする人

第5課　先送りされる「結婚」

# 内容の問題

I　1～5を読んで、本文の内容と合っているものに○をつけなさい。

1　(　)　コンピューター占いは女子高校生に人気があるようだ。
2　(　)　筆者は女子高校生の手のひらを見て占ってあげた。
3　(　)　占師は女子高校生達にまず結婚のことから話し始めた。
4　(　)　30代独身ＯＬについての最近の調査によると、ほとんどの人が結婚したいと思っているそうだ。
5　(　)　10代の女性は以前よりも早く結婚したいと思うようになった。

II　女子高校生を相手にしている占師は、どうして結婚についての話をしないのですか。1～4から最も適当なものを1つ選びなさい。

1　自分の占いが当たらなかったら困るから。
2　高校生達が結婚はずっと後のことだと思っているから。
3　300円という安い料金では、結婚について占うことができないから。
4　結婚については、情報誌で調べればわかるから。

III　「結婚は"先送り"されている」①とはどういう意味ですか。1～4から最も適当なものを1つ選びなさい。

1　みんなより先に結婚したいと思っている。
2　結婚したいと思う年齢が高くなっている。
3　10代での結婚は親が反対している。
4　景気が良くなってから結婚しようと考えている。

IV　筆者はどうして「当分、景気は良くならない」②と思いましたか。1～4から最も適当なものを1つ選びなさい。

1　以前に比べて、若い人の間で占いがはやるようになったから。
2　高校生やＯＬの中には結婚したい人が多いから。
3　結婚年齢が高くなり、生まれる子供の数が少なくなっているから。
4　街頭の占師に、そのように言われたから。

STEP 2

## 言葉の問題

I ①〜⑤の言葉の意味をa〜eから選び、（ ）に記号を書きなさい。

① 聡明（ ）　　a　心がひろくて、思いやりがあること
　　そうめい
② 寛大（ ）　　b　まちがっていない、合っている様子
　　かんだい
③ 不思議（ ）　c　小さいことでもいろいろと気にする性質
④ 神経質（ ）　d　かしこい、頭がいい様子
　　しんけいしつ
⑤ 的確（ ）　　e　ふつうでは考えられないようなこと。よくわからないこ
　　てきかく　　　　と

II Iの①〜⑤から適当な言葉を選び、＿＿＿＿に書きなさい。

1　山田さんはいつも＿＿＿＿＿なアドバイスをくれるから、困ったことがあったら、相談することにしている。

2　さっき机の上に置いたかばんが、なくなっている。＿＿＿＿＿だ。
　　　　つくえ

3　ときには、＿＿＿＿＿な心で人を許すことも必要だ。
　　　　　　　　　　　　　　　　ゆる

4　あの人は＿＿＿＿＿で、旅行に行ってふとんやまくらが変わると寝られないそうだ。

5　「良子さんは大変＿＿＿＿＿な方で、学生時代の成績はいつもトップクラスでした。」
　　　　　　　　　　　　　　　　　　　　　　　せいせき

III 1〜5の続きとして適当なものをa〜eから選び、＿＿＿＿に記号を書きなさい。

1　会議のテーマを＿＿＿＿。　　　　　a　集める
2　会社経営のノウハウを＿＿＿＿。　　b　いい
3　実験のデータを＿＿＿＿。　　　　　c　ある
4　人にはいろいろなタイプが＿＿＿＿。 d　学ぶ
5　店のサービスが＿＿＿＿。　　　　　e　決める

# 第6課　言い損ない
そこ

**Warm-up** ちょっと考えてみましょう。

1　何かを言おうとして、**全然**違うことを言ってしまったことがあります
　　　　　　　　　　　ぜんぜん
か。

2　それはどんな時でしたか。

**Keywords** 次の言葉から、本文の内容を予測しましょう。
　　　　　　　　　ないよう　よそく

歓迎会　　　　短い挨拶　　　　原稿　　　　丸暗記する
かんげい　　　あいさつ　　　　げんこう　　まる

緊張する　　　訛る　　　　　　皮肉る　　　使いこなす
きんちょう　　なま　　　　　　ひにく

STEP 2

# 言い損ない

わたしの英語は、純粋である。　　井上ひさし

　オーストラリア国立大学に日本語教員として出かけて行ったとき、大学のそばのレストランを借り切って、わたしのために歓迎会が催されることになり、その席上で短い挨拶をするように言いつかりました。そこで前の晩から辞書と首っぴきで英作文をしてスピーチ用の原稿をつくり、それを丸暗記して会場に出かけたのですが、挨拶の出だしのところでみごとにしくじってしまいました。

　挨拶は、「わたしの英語は、たいへん貧しい（プア）」で始まり、「そのせいでお聞き苦しいと思うが、しばらくお耳を拝借したい。さて、わたしは、二階の国から一階の国へやってきて、たいへんうれしく思っているのであります……」と続くはずでした。オーストラリアの人たちが日本のことを「二階の国」と言っているのを生かして、こんな出だしにしてみたのです。ところが、どういうわけか、

　「わたしの英語は、たいへん純粋（ピュア）である」

と言ってしまっていた。原稿では「poor」となっていたのに、緊張して、上がって、こちこちになっていたせいでしょう、「pure」と発語してしまったのです。

　まるでなっていない発音で挨拶を始めた日本人が、英語を常用する人たちを前にして、いきなり「わたしの英語は純粋で、まじりっ気がない」と見得を切ったわけで、会場に笑いが爆発しました。さらに、オーストラリア英語は訛っていて、たとえば、マンディ（月曜日）をマンダイというふうに発音する。したがって、わたしは自分でそうとは意図していないのに、「わたしの英語は純粋だが、あなた方の英語は訛っている」と皮肉ったことにもなります。そこで会場はいっそう高く笑ったわけです。

　このあいだ、ある私鉄に乗っていると、車内検札にきた若い車掌さんが、

　「この先、揺れますので、50円ください」

と言ってしまい、途端に赤くなって、検札はせずに、駆け出すように次の車両に移ってしまいました。あの車掌さんも車内乗務は初めてだったのではないか。研修を終わってその日が最初の勤務で緊張している。さらに、こころの中に、なにか50円でひっかかることがあって、「ゴチュウイクダサイ」と言うべきところを、ついつい、「ゴジュウエンクダサイ」と言ってしまったのではないでしょうか。

　数年前、ある動物園に行ったときのこと、やはり若い係員が、

　「危険ですから、動物のエサを取らないでください」

と注意している現場に出っ食わしたこともあります。「エサをやらないで」と言うべきと

第6課　言い損ない

ころを「エサを取らないで」と言い損なってしまったわけです。
　ひとは言葉を使いこなして生きているのですが、使い手のこころがなにかで強張っていると、言葉は逆にひとに襲いかかってくるもののようです。

[井上ひさし　読売新聞「にほん語観察ノート」(1999.4.25.) より]

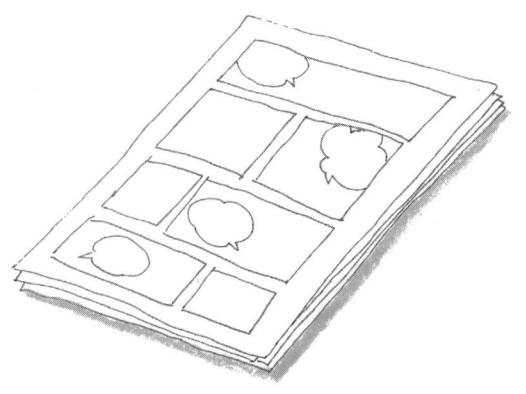

STEP 2

# 内容の問題

I　1〜6を読んで、本文の内容と合っているものに○をつけなさい。

1　（　）　井上氏は、オーストラリアへ日本語を教えに行った。
2　（　）　歓迎会に出たら突然、短い挨拶をするように言われた。
3　（　）　井上氏はスピーチの中で、自分の英語は純粋（ピュア）だと言ってしまった。
4　（　）　オーストラリアの人々は、井上氏のスピーチを聞いて怒った。
5　（　）　ある私鉄の車掌さんは、緊張して「50円ください」と言ってしまった。
6　（　）　井上氏は、動物園で係員が「エサを取らないでください」と言ったのを聞いた。

II　[　]の中から、本文の内容と合っているほうを選びなさい。

1　井上氏は、歓迎会で［日本語／英語］のスピーチをすることになった。
2　前の晩、井上氏はスピーチの原稿を［準備した／準備しなかった］。
3　スピーチのはじめの部分で井上氏は、私の英語は［poor／pure］だと言うつもりだった。
4　井上氏が［一階／二階］の国と言ったのは日本のこと、［一階／二階］の国と言ったのはオーストラリアのことだ。
5　井上氏は、自分では英語の発音が［うまい／下手だ］と思っている。
6　井上氏は、オーストラリア英語は訛っていると［言うつもりだった／言うつもりではなかった］。
7　会場の人達が笑ったのは、井上氏が自分の英語は［訛っている／純粋だ］と言ったからだ。

III　「言葉は逆にひとに襲いかかってくるもの」とありますが、ここで筆者はどんなことを言いたかったのでしょうか。1〜4から最も適当なものを1つ選びなさい。

1　外国語は何度練習しても、なかなか使いこなすことができないものだ。
2　下手な外国語で話すと、相手の外国人が怒ってしまうことがある。
3　井上氏は何か話そうとすると、いつも間違ったことを言ってしまって失敗する。
4　だれでも緊張していたりすると、つい間違ったことを言ってしまうことがある。

第6課　言い損ない

## 言葉の問題

I　①〜⑤の言葉の意味をa〜eから選び、（　）に記号を書きなさい。

① 生かす　　　（　）　　　a　緊張していつも通りにできなくなる
② 催す　　　　（　）　　　b　そうしようと考える
③ 意図する　　（　）　　　c　十分に役立たせる
④ 上がる　　　（　）　　　d　会などを開く
⑤ ひっかかる　（　）　　　e　気になる

II　Iの①〜⑤から適当な言葉を選び、必要なら形を変えて、＿＿＿＿に書きなさい。

1　面接試験の時、とても＿＿＿＿＿しまって何と答えたか覚えていない。
2　せっかく日本語を勉強したのだから、それを＿＿＿＿＿仕事がしたいです。
3　毎年、この公園では秋になると菊の展覧会が＿＿＿＿＿いる。
4　きのう彼女が別れる時に言った言葉が＿＿＿＿＿、夜もよく眠れなかった。
5　研究は、はじめに＿＿＿＿＿ものと違う方向で進められていった。

III　1〜5の＿＿の動詞に続く適当な動詞を［　］から選び、必要なら形を変えて＿＿＿＿に書きなさい。

　　　　［　かかる　　出す　　こなす　　切る　　損なう　］

1　大きなクマが、登山客に襲い＿＿＿＿＿。
2　新しいパソコンを使い＿＿＿＿＿までには時間がかかりそうだ。
3　「どうも」と言うつもりだったのに、「どうぞ」と言い＿＿＿＿＿しまった。
4　男の子はお母さんの姿を見て、急にかけ＿＿＿＿＿。
5　ホテルの大広間を借り＿＿＿＿＿、優勝祝賀パーティーが行われた。

# 第7課 「夫婦ゲンカはイヌも食わない」はウソ・ホント？

**Warm-up** ちょっと考えてみましょう。

1 夫婦ゲンカの原因はどんなことが多いと思いますか。
2 イヌは飼い主の夫婦がけんかをすると、どんな反応を示すと思いますか。

**Keywords** 次の言葉から、本文の内容を予測しましょう。

夫婦ゲンカ　　イヌ　　仲直りする　　仲裁に入る　　反応
リーダー　　行動　　うろうろする　　味方する　　吠え立てる

## 「夫婦ゲンカはイヌも食わない」はウソ・ホント？

　そもそも「夫婦ゲンカはイヌも食わない」ということわざはどういうことを意味しているのか？　それは、「夫婦のケンカはたいていつまらないことが原因で、しかも二人はすぐに仲直りしてしまう。だから、わざわざ他人が仲裁に入ろうとするまでもない」というたとえなんだそうな。派手にやり合っているので「まあまあ」と割って入ると、とばっちりがこちらにかかるだけ。当の本人たちは、ほんの1時間後にはケロッとして「今日の晩ごはん、何にします？」なんてことになる。ああ、くだらない。心配するだけバカを見る。だからイヌだって夫婦ゲンカは相手にせずに放っておくという意味らしい。

　だが、実際に飼い主夫婦が夫婦ゲンカを始めた場合、ことわざどおりに無関心を決め込むイヌは、まずいない。なんらかの反応を示すのがふつうだという。そういう意味では、夫婦ゲンカがくだらないという方はともかくとして、「イヌも食わない」の部分は当たっていないらしい。

　イヌは群れをつくって生活する動物だけに、群れのなかの関係には敏感である。とくに群れのリーダーとその配偶者である飼い主夫婦の行動にはいつも注目しているのだ。
　獣医師の小方宗次氏の著書『「犬は三日飼えば三年恩を忘れない」は本当か？』（PHP研究所）によれば、夫婦ゲンカのときのイヌの反応は大きく分けて四つだという。

　まず、どうしたらよいかわからずに、周辺でうろうろしているものの、積極的な介入をしないタイプ。

　自分をより可愛がってくれている方が不利になると、そちらに味方するイヌもいる。常日頃からのイヌとの関係が問われる一瞬だ。相手に味方されて「俺の方が可愛がっているのに」とショックを受ける人もいるかもしれない。

　反対にケンカに勝っている方に加担するイヌもいる。まずは手を出さずにどちらが有利かを見極めてから、おもむろに参戦し、勝っている方に味方するのだ。これはべつに卑怯な行為ではない。そもそもイヌのケンカは、群れのなかでの序列確認のために起こる。ケンカに強い方が序列が上と認めて従うのは、イヌにとってきわめて自然なことなのだ。その方が群れの序列が安定するからだ。

　どちらに味方するわけでもなく、うるさく吠え立て、まるでケンカをあおっているように見えるイヌもいる。これは人間からそう見えるというだけで、イヌがどういうつもりなのかはよくわからない。単に興奮しているだけなのかもしれないし、なんらかの危機感をもって騒いでいるのかもしれない。

［『別冊宝島』416号（宝島社）より］

# STEP 2

## 内容の問題

Ⅰ　1〜5を読んで、本文の内容と合っているものに○をつけなさい。

1　(　)　夫婦ゲンカの原因は、たいしたことではない場合が多い。
2　(　)　どんなイヌも、夫婦ゲンカに関心がない。
3　(　)　イヌにとって、群れの中の地位はとても重要である。
4　(　)　夫婦ゲンカの時、イヌは食事をくれる人にかならず味方する。
5　(　)　夫婦ゲンカの時、イヌは吠えることによってケンカをやめさせようとする。


Ⅱ　「夫婦ゲンカはイヌも食わない」ということわざの意味は、次のどれですか。1〜4から最も適当なものを1つ選びなさい。

1　夫婦がケンカをすると、イヌは何も食べられなくなる。
2　夫婦ゲンカはおもしろくないので、長く続かない。
3　イヌがいると、夫婦はケンカをしてもすぐ仲直りする。
4　夫婦ゲンカは放っておいたほうがいい。


Ⅲ　飼い主が夫婦ゲンカすると、イヌはどのように反応しますか。1〜4の_____に入るものをa〜dから選び、記号を書きなさい。

1　どうしたらいいかわからないので、_____が、何もしない。
2　_____ほうが不利になると、そちらに味方する。
3　_____ほうに味方する。
4　どちらにも味方しないで、_____。

　　　　　　　　　　　　　　　　　a　うるさく吠え立てる
　　　　　　　　　　　　　　　　　b　可愛がってくれる
　　　　　　　　　　　　　　　　　c　近くにいる
　　　　　　　　　　　　　　　　　d　ケンカに勝っている

第7課　「夫婦ゲンカはイヌも食わない」はウソ・ホント？

# 言葉の問題

Ⅰ　①～⑤の言葉の意味をa～eから選び、（　）に記号を書きなさい。

① 派手（　　）　　　a　小さなこともすぐに感じ取る様子
② 無関心（　　）　　b　どうでもよく、興味がない様子
③ 敏感（　　）　　　c　行動がおおげさで、目立つ様子
④ 有利（　　）　　　d　ずるくて、正しいことをしない様子
⑤ 卑怯（　　）　　　e　ほかよりも立場がいいこと

Ⅱ　Ⅰの①～⑤から適当な言葉を選び、＿＿＿に書きなさい。

1　野球をしていて窓ガラスを割ってしまった時、田中君だけ逃げたので、みんなが＿＿＿＿だと怒った。
2　山村さんは部長と＿＿＿＿＿にけんかをして、会社をやめてしまった。
3　最近は、自分の国の首相の名前も知らないほど、政治に対して＿＿＿＿な若者がいる。
4　外国で仕事をするなら、その国の言葉ができたほうが＿＿＿＿だ。
5　イヌはネコよりも、においに＿＿＿＿だ。

Ⅲ　1～5の～～～の言葉に注意して、続きとして適当なものをa～eから選び、＿＿＿に記号を書きなさい。

1　二人はよく大声でけんかをするが、昨日はとくに＿＿＿。
2　共通点が全くない二人が結婚しても、まず＿＿＿。
3　最近夫婦の会話が減ったが、べつに＿＿＿。
4　結婚して何年もたっているのに、まるで＿＿＿。
5　怒ったのではなく、単に＿＿＿。

　　　　　　　　　a　ひどかった
　　　　　　　　　b　新婚のように仲がいい
　　　　　　　　　c　聞いてみただけだ
　　　　　　　　　d　うまくいかないだろう
　　　　　　　　　e　嫌いになったわけではない

# 第8課　電車内、まなざしの行方

**Warm-up** ちょっと考えてみましょう。

1　電車の中で、席に座っている時、何をしていますか。
2　乗り物の中で知らない人と目が合うことを、どう思いますか。

**Keywords** 次の言葉から、本文の内容を予測しましょう。

| | | | |
|---|---|---|---|
| 電車 | 視線 | 目を閉じる | 居眠り |
| 気づまり | くつろぐ | 集中する | タヌキねいり |

## 電車内、まなざしの行方

　近ごろ日本人の視線の変化が気になっている。正確に調べたわけではないが、電車の座席にすわって目を閉じている人がへってきたようにおもうのだ。

　もともと日本では電車のなかでは目を閉じている人が多かった。もちろん、みんなが居眠りしているわけではなく、たいていは他人と目があって気づまりなおもいをしないようにして、少しでもくつろぐためであったり、かんがえごとにふけったりするためだろう。じっさい、狭い電車のなかでは、少しでもすいてくると、すぐに他人の目が気になってくるのである。

　けれども、目を閉じるのは日本人が気分を集中するときのひとつのくせでもある。会議の席などで、話し手のほかは当然のようにみんな目をつむっていることがあるが、注意深く聞きいっているのか、ほんとうに眠ってしまっているのか、みわけるのはむずかしい。なかには、聞いていることを表示しようというわけでもあるまいが、目をつむったままご丁寧にあいづちをうつ人もいる。

　また、日本語では知らぬふりをすることをたとえて「目をつむる」というが、公共の乗り物のなかでは、席をゆずるのが当然のお年寄りや子どもをだいた女性などがくると、ほんとうにみてみぬふりをするために、目をつむってタヌキねいりをする人もいる。

　その一方で、電車に乗っている間中、せっせと鼻の掃除をする人や、自分の髪をかたときも休まずいじくる若い女性など、目をあけてみてはいられないイメージにしばしばでくわすのも事実だろう。

　このように、目をつむるということも、目を開けてみるのにおとらず、多義的である。

　他者と対面する場面で目をつむる習慣はほかの社会にもみられる。東南アジアでも一般に相手の顔をみながら話をすることはあまりないようだが、北部タイのルー族を研究したアメリカの人類学者モアマンは、かれらのあいだで会話の際に相手の顔をまっすぐにみるのは若い男だけで、ほとんどの人はうつろな中空をみつめているようにみえるといっている。とくに、影響力のある人間は、自分が話すときも、人の話を聞くときも、しばしば目を閉じているのだという。

　ところで、電車のなかで目を閉じている人がへってきたというはじめにふれたわたしの印象が事実だとすれば、それは日本人のまなざしのどのような変化をあらわしだしているのだろうか。あんがい、不躾なテレビがみせるあけすけなイメージに慣らされて、わたしたちのまなざしまで不躾になっているような気がするのだが。

　　　　　　　　　　　［野村雅一　日本経済新聞「しぐさの人間学」（1998.7.15.）より］

（注）ルー族：部族（tribes）の名前

STEP 2

# 内容の問題

I 　1〜5を読んで、本文の内容と合っているものに○をつけなさい。

　　1　（　）電車の中で目を閉じている日本人は前より少なくなったようだ。
　　2　（　）筆者は電車の中などで他人の視線が気になることがある。
　　3　（　）日本では、乗り物に乗って座っている人はみな、寝たふりをしている。
　　4　（　）電車の中で若い女性を見るものではない。
　　5　（　）話を聞く時に目を閉じる習慣は日本以外でも見られる。

II 　日本人が人前で目を閉じているのは、どんな時ですか。1〜4の_____に入るものをa〜dから選び、記号を書きなさい。

　　1　電車の中などで、疲れて_____時
　　2　他人と目が合って、_____時
　　3　会議などで注意深く_____時
　　4　席をゆずらなくてすむように、_____時

　　　　　a　話を聞きたい
　　　　　b　タヌキねいりをしている
　　　　　c　気づまりな思いをしたくない
　　　　　d　居眠りをしている

III 　「まなざしまで不躾になっている」とはどういうことですか。1〜4から最も適当なものを1つ選びなさい。

　　1　平気で他人に対して視線を向けること。
　　2　他人のしていることに対して見て見ぬふりをすること。
　　3　相手の顔をまっすぐに見て話すこと。
　　4　目をつむったままあいづちをうつこと。

第8課　電車内、まなざしの行方

## 言葉の問題

Ⅰ　①〜⑤の言葉の意味をa〜eから選び、（　）に記号を書きなさい。

① くつろぐ　（　）　　a　人や動物などを胸にあてて持つ
② ふける　　（　）　　b　あることについて話題として取り上げる
③ だく　　　（　）　　c　目をほかに向けないで、じっと見続ける
④ みつめる　（　）　　d　ほかのことを忘れるほど、一つのことに夢中になる
⑤ ふれる　　（　）　　e　心を楽にして、ゆったりした気持ちになる

Ⅱ　Ⅰの①〜⑤から適当な言葉を選び、必要なら形を変えて、＿＿＿＿に書きなさい。

1　古いアルバムを見て思い出に＿＿＿＿しまい、部屋の片づけが終わらなかった。
2　子供のころ、毎晩この人形を＿＿＿＿寝ていた。
3　「さよなら」と言って歩き去っていく恋人の後ろ姿を、いつまでも＿＿＿＿いた。
4　今日の環境問題の講演はおもしろかったが、NGOの活動についても＿＿＿＿ほしかった。
5　休みの日はどこへも出かけず、うちで＿＿＿＿のが一番だ。

Ⅲ　1〜5の＿＿＿＿に入る言葉をa〜eから選び、記号を書きなさい。

[ a　ふり　　b　よう　　c　まま　　d　わけ　　e　ため ]

1　座っていく＿＿＿＿に指定席の切符を買った。
2　昼間の電車はたいてい座れるが、いつも座れる＿＿＿＿ではない。
3　お年寄りが乗ってきても、寝た＿＿＿＿をして座っている人がいる。
4　新幹線の車内では、座った＿＿＿＿おみやげを買うことができる。
5　降りる時のことを考えて、出口近くに座る＿＿＿＿にしている。

# 第9課　吹き替え？字幕？

**Warm-up** ちょっと考えてみましょう。

1　映画をよく見ますか。

2　外国語の映画を見る時、字幕と吹き替えのどちらが好きですか。

**Keywords** 次の言葉から、本文の内容を予測しましょう。

| | | | |
|---|---|---|---|
| 外国映画 | 吹き替え | 字幕 | わくわくする |
| がっかりする | 俳優 | イメージ | せりふ |
| 表情 | 原語 | 翻訳 | ニュアンス |

## 吹き替え？字幕？

　私は映画が好きで、映画館へもよく行くし、テレビの映画もよく見る。特に外国映画は、ストーリーを楽しむだけでなく、景色や言葉の響きなど、全く違う世界に入り込むことのできる点がいい。外国映画を見る場合、吹き替えと字幕があるが、私は吹き替えはどうも好きになれない。録画しておいたビデオをわくわくして見始めたら吹き替えだったというような時は、本当にがっかりしてしまう。特に自分の知っている日本人俳優が吹き替えの声をやっているような場合、どうしてもそのイメージが浮かんできて邪魔をする。フランス人の俳優はやはりフランス語で話していないと、映画の世界に浸ることができないのだ。

　私は、子供やお年寄りなどを除き、ほとんどの人が吹き替えより字幕を好むと思っていたが、必ずしもそうではないらしい。レンタルビデオショップに行くと、大ヒットした映画やコメディーは吹き替え版と字幕版の両方が用意されている。確かに、早口のせりふや、なまり、だじゃれなどのおもしろみは、吹き替えのほうが自然に伝わるのかもしれない。

　実は字幕は基本的に1行10字、2行までと決められているため、表すことのできる情報量は、せりふの3割程度しかないそうだ。考えてみれば、耳で聞くのと同じスピードで文字を読み取ることはできないし、文字を読むことだけに集中していたのでは、肝心のアクションや俳優の表情など画面を楽しむ余裕がなくなるので、それもしかたがない。せっかくの気の利いた言い回しも、ストーリーの流れをつかむだけの味気ない表現にせざるをえないこともある。

　吹き替えなら、原語で話している長さと日本語を合わせなければならないという制約はあるものの、ずっと多くのことを伝えることができる。一つのシーンで複数の人物が話していても大丈夫だ。また、テレビで放映される場合、食事をとりながらでも、ちょっと席をたっても、話がわからなくなったりしない。こうしたことから、午後7時から11時までの番組は主に吹き替えである。

　字幕にせよ吹き替えにせよ、単なる翻訳ではない以上、オリジナルをそのまま味わうようにはいかない。例えばフランシス・F・コッポラの『地獄の黙示録』（APOCALYPSE NOW）のなかに"Take care of him with extreme prejudice."というせりふがあるが、日本語では「彼を暗殺せよ」となっている。ニュアンスまでは表しきれない一つの例であろう。しかし一方で、あの『カサブランカ』（CASABLANCA）のワンシーンがこれほど日本で有名になったのは、"Here's looking at you, kid."を「君の瞳に乾杯」とした名訳のおかげであろう。

　私としては、俳優が生の声で字幕の言葉をしゃべっているように感じられる映画が理想的なのだが……。

［鈴木理子］

STEP 2

# 内容の問題

Ⅰ　[　　]の中から、本文の内容と合っているほうを選びなさい。

1　筆者は[吹き替え／字幕]の外国映画のほうが好きだ。
2　子供やお年寄りにとっては[吹き替え／字幕]のほうがいいだろう。
3　[吹き替え／字幕]ではせりふの内容の30％くらいしか伝えることができない。
4　[吹き替え／字幕]なら俳優の動きや表情をよく見ていることができる。
5　一度に何人もの俳優が話している時、[吹き替え／字幕]では全員のせりふを言葉にすることができない。
6　家で食事をしながら見る時は[吹き替え／字幕]のほうが都合がいい。
7　日本で午後7時から11時までに放映される外国映画は、主に[吹き替え／字幕]だ。
8　[吹き替え／字幕]なら、俳優の生の声が楽しめる。

Ⅱ　「それもしかたがない」とありますが、何がしかたがないのですか。1～4から最も適当なものを1つ選びなさい。

1　字幕があると、俳優の表情などが楽しめなくなってしまうこと。
2　字幕があると、文字を読むことだけに集中してしまうこと。
3　耳で聞くのと同じスピードで文字を読み取ることができないこと。
4　字幕で表すことのできるせりふの量が限られていること。

Ⅲ　筆者にとって理想の外国映画とはどんなものですか。1～4から最も適当なものを1つ選びなさい。

1　俳優が原語で話し、原語の字幕が出ている映画
2　俳優が原語で話し、うまく日本語に訳された字幕が出ている映画
3　俳優が上手に日本語で話し、原語の字幕が出ている映画
4　俳優が上手に日本語で話し、日本語の字幕が出ている映画

第9課　吹き替え？字幕？

## 言葉の問題

Ⅰ　①～⑤の言葉の意味をa～eから選び、（　）に記号を書きなさい。

① イメージ　　（　）　　a　人気が出て、よく売れたり流行したりすること
② ヒット　　　（　）　　b　体の動き
③ アクション　（　）　　c　映画や劇などの場面
④ シーン　　　（　）　　d　心に思い浮かべる、物や人の姿や印象
⑤ オリジナル　（　）　　e　原作

Ⅱ　Ⅰの①～⑤から適当な言葉を選び、_____に書きなさい。

1　あの俳優は激しい_____で人気が出た。
2　小説が映画化されると、_____とかなり変わってしまうことが多い。
3　社長の奥さんは、会ってみたら聞いていた_____とはだいぶ違っていた。
4　この映画は何度見ても最後の_____で泣いてしまう。
5　これは、去年の冬_____した歌だ。

Ⅲ　1～5の～～～の言葉に注意して、続きとして適当なものをa～eから選び、_____に記号を書きなさい。

1　一人で映画を見るのはどうも_____。　　　　　　a　見てしまう
2　この映画館ではアジアの作品を主に_____。　　　b　高い
3　いい映画が必ずしも_____。　　　　　　　　　　c　苦手だ
4　日本では映画のチケットは確かに_____。　　　　d　上映している
5　テレビにあの俳優が出ているとどうしても_____。e　人気が出るとは限らない

# 第10課　神社
じんじゃ

**Warm-up**　ちょっと考えてみましょう。

1　神社に行ったことがありますか。
　　じんじゃ
2　日本人はどんな時に神社に行くのでしょうか。

**Keywords**　次の言葉から、本文の内容を予測しましょう。
　　　　　　　　　　　　　　　　　ないよう　よそく

受験　　　　切羽つまる　　　　拝む　　　　お願いする　　　親
　　　　　　　せっぱ　　　　　 おが
神経質になる　　　過剰な気遣い　　　神頼み　　　神社の必要性
しんけいしつ　　　かじょう　きづか　　かみだの

# 神社

　うちの近所にはいくつかの神社がある。ふだんは前を通っても、閑散としていて、境内で尺八の練習をしているじいさんくらいしかいない。お世辞にもうまいとはいえない演奏に合わせて、たくさんのカラスがカアカアとがなりたてるという、シュールな光景だったのだが、この間から、ちょっと様子が違っている。中年の男女の姿が、神社に目立つようになったのだ。どうしたんだろうと考えてみて、やっと、今が受験のピークだと思いあたったのである。
　ある夫婦とおぼしき男女は、賽銭箱の前でもめていた。彼が五千円札を入れようとするのを見た彼女が、まさにお札が箱のなかに落ちようとする瞬間に彼の腕を掴み、
「ああ、もったいない」
と叫んだ。すると彼は、
「賽銭をけちって、何かあったらどうするんだ」
と真顔で怒っていた。彼の目が三角になっていたところを見ると、相当に切羽つまっているらしい。あまりの気迫に彼女はちょっとひるんだものの、
「そりゃあ、そうだけど、五千円はちょっと……」
と渋っている。しかし彼は、
「いいんだ。これで受かったら安いもんだ」
といい、ぶつぶつと何ごとか唱えながら、手を合わせていた。その隣ではやや不満げではあったが、かわいい子供の受験のためならばと覚悟したのか、彼女も手を合わせている。彼らの手に、力が入っているのは、傍で見ていてもよくわかった。そして彼らは長いこと気合いを入れて拝んでいたのである。
　別の神社にはお父さんが一人でやって来ていた。人気がないのを確認して、彼は鈴がついている布切れを力まかせに振りまわしたあげく、ばんばんと柏手を打ち、
「お願いします、お願いします」
といいながら、何度も頭を下げていたのである。
　私の受験のとき、友だちの親はとても神経質になっていた。親はおろおろしているのに、受験する当人が、
「どこかに、受かるでしょ」
といったりして、
「こんなに親が心配しているのに、その態度は何だ」
と、もめた。しかしうちの場合は、私よりも親のほうがずーっと気楽に考えていて、緊張感がまるでなかった。緊張感がないどころか、母がどこに合格してもいいようにと、貯えておいた入学金を、父親がこっそり使い込んでしまった。母に責められた父は、

## STEP 2

「だって受かると思わなかったんだもん」

といい、大騒動になったのだ。

こんな間抜けな親はうちくらいのものだろうが、ほとんどの親は子供に対する態度をどうしていいかわからないようである。妙に明るくふるまって、子供にうるさがられたり、また心配のあまり子供の後をくっついて歩いて、うるさがられたり、この時期、どちらにせよ、親はうるさがられる辛い立場におかれる。親の過剰な気遣いは受験生には負担になる。私の友だちは試験の前日、お母さんに、「これで力をつけて、がんばれ」と励まされ、食べ慣れないぶ厚いステーキを食べた。ところが見事にお腹をこわして試験を断念せざるをえなくなり、その後何日かは、家族一同が暗い日々を送ったという悲しい事実もあったのだ。

親は心配だから、何かしてやれることはないかと一所懸命に考える。子供の前では何気ない顔をしていながらも、不安でならない。きっと彼らは神頼みというよりも、不安を少しでも減らすため、鬱憤を晴らすために、やって来るのに違いない。ふだんは神社は何のためにあるのかよくわからないが、私はこの時期の神社の必要性を再認識したのである。

[群ようこ『交差点で石蹴り』（新潮文庫）より]

（注）尺八：笛の一種で、日本の伝統的な楽器

第10課　神社

# 内容の問題

I　1～6を読んで、本文の内容と合っているものに○をつけなさい。

1　(　　)　神社にはふだんはほとんど人がいない。
2　(　　)　神社に行って、子供が試験に合格するように神様に頼む親がいる。
3　(　　)　一般的に、子供の受験の時期、親は気楽で明るい。
4　(　　)　子供は親の気遣いをありがたいと思う。
5　(　　)　受験の時期は、親にとって負担が大きいので、子供は親を励ます。
6　(　　)　受験の時期には、親は子供のために何をしていいかわからなくて不安になる。

II　[　　]の中から、本文の内容と合っているほうを選びなさい。

(1)

　[夫／妻]①は、賽銭として5,000円出した。しかし[夫／妻]②は、5,000円は多すぎると思った。[夫／妻]③は、賽銭が少なかったら子供が合格しないかもしれないと思い、[夫／妻]④が反対したことについて怒った。結局この夫婦は、賽銭箱に5,000円[入れた／入れなかった]⑤。[夫／妻]⑥は不満そうだったが、二人は長い時間、熱心に拝んでいた。

(2)

　筆者と友達が受験をする時、友達の親は[筆者／友達]①のことを心配して、神経質になっていた。しかし、[筆者／友達]②はどこかに受かるだろうから大丈夫だと思っていた。一方、[筆者／友達]③の父親は全く緊張感がなく、[筆者／友達]④の母親が用意しておいた入学金をこっそり使ってしまった。まさか受かるとは思っていなかったのだ。また、試験の前日、[筆者／友達]⑤の母親が[筆者／友達]⑥にぶ厚いステーキを食べさせたせいで、[筆者／友達]⑦がお腹をこわして試験を受けられなかった。

III　筆者は、受験の時期は何のために神社が必要だと考えましたか。1～4から最も適当なものを1つ選びなさい。

1　子供がうるさい親から逃げてくるため。
2　子供が病気にならないようにするため。
3　親が子供のためにできることをゆっくり考えるため。
4　親の不安やストレスを減らすため。

# STEP 2

## 言葉の問題

Ⅰ　①～⑤の言葉の意味をa～eから選び、（　）に記号を書きなさい。

① もめる　　　　（　）
② けちる　　　　（　）
③ 切羽つまる　　（　）
④ ひるむ　　　　（　）
⑤ 責める　　　　（　）

a　人の悪いところを指摘して、直したり謝ったりするように求める
b　限界ぎりぎりの状態で、どうしようもなくなる
c　意見が合わなくて、物事が決められないでいる
d　強く反対や抵抗をされて、気力が弱まる
e　自分のお金や物をなるべく使わないようにする

Ⅱ　Ⅰの①～⑤から適当な言葉を選び、必要なら形を変えて、＿＿＿に書きなさい。

1　田中さんは会社の取引先の人にまで、借金を申し込んだそうだ。よほど＿＿＿＿いるらしい。

2　今井さんばかりを＿＿＿＿ないでください。彼も上司に命令されてやったのですから。

3　このところ子供の教育問題で＿＿＿＿いて、夫婦仲がうまくいっていない。

4　お金を＿＿＿＿小さい冷蔵庫を買ったが、結局後でもっと大きいのが必要になった。

5　男がナイフを持っているのを見て、警官は一瞬＿＿＿＿が、飛びかかって男を捕り押さえた。

Ⅲ　1～5の続きとして適当なものをa～eから選び、＿＿＿に記号を書きなさい。

1　「あぶない！」と腕を＿＿＿。
2　怒った父の目が＿＿＿。
3　神社で手を＿＿＿。
4　「お願いします。」と頭を＿＿＿。
5　食べ過ぎてお腹を＿＿＿。

a　合わせた
b　こわした
c　下げた
d　つかんだ
e　三角になった

# 第11課　パニック

**Warm-up**　ちょっと考えてみましょう。

1　大勢(おおぜい)の人の間で、「パニック」が起こるのはどんな時だと思いますか。
2　「パニック」が起こるのを防(ふせ)ぐには、どうすればいいでしょうか。

**Keywords**　次の言葉から、本文の内容(ないよう)を予測(よそく)しましょう。

パニック　　自己防衛(じこぼうえい)　　過剰行動(かじょう)　　危険(きけん)　　脱出(だっしゅつ)　　災害時(さいがい)
情報　　対応行動(たいおう)　　危機回避(ききかいひ)　　リスク・コミュニケーション

# パニック

　パニックは自己防衛のための集団的な過剰行動だが、その結果は防衛どころか自己破壊をもたらす。一体どんな条件のもとでパニックは発生するのだろう。

　まず第一の条件は、安全を脅かす危険が迫っていると、だれもが恐怖にとらわれること。第二の条件は、しかし、危険から脱出する道はどこかにあるに違いないと、大勢の人々が信じ込んでいることである。そして同時に、脱出口は限られていて、簡単には脱出できそうもないという強い不安が付け加わる。これが第三の条件だ。

　この三条件に照らすと、海面下を航行中に事故を起こした潜水艦内では、パニックは起こらない。乗組員がいかにあがいても、脱出の道がないからである。また、これまで航空機が事故に遭遇して、機内でパニックが起こったという報告はない。パニックが起こるとしたら、緊急着陸後にあわてふためいた乗客が機外に脱出する時だ。

　一方、未来の旅行者が大型宇宙船に乗って地球と他の天体間を旅行中に事故にあう場合を考えてみよう。もし、船外脱出用の救命ロケットが乗員・乗客の全員を収容できないときには、壮絶なパニックが起こる恐れがある。

　それでは、災害時などでパニックを防止するための要件は何だろうか。危険の性質やその回避の方法について、外部から具体的な情報の提供や、対応行動への指示が伝えられること、すなわち適切なリスク・コミュニケーションを図ることが重要だ。

　77年にアメリカのケンタッキー州で、その豪華さは全米一とけん伝されたサパークラブが火災で全焼し、164人が死亡している。ショーを楽しんでいた観客に、火災発生の第一報が告げられて間もなく、突如として黒い煙が室内に侵入した。人々は出口に向かって殺到した。大勢の人々がパニックに陥ったため、ある一つの出口の前では、125人もの人々が死んだのである。

　出火後20分もして観客に火災の発生を告げた従業員も、その言葉を引き取ってステージから観客に語りかけた出演中のコメディアンも、客がパニック状態になるのを恐れた。彼らは、「ボヤが発生しました」と伝え、火が消えたらショーを続けますと言って客を安心させた。客は火事をそれほど重大なものとは受け止めていなかったのだ。その結果が、火災史上に残る大惨事を招いてしまった。

　パニックを恐れるあまり、危険情報を迅速に伝えなかったり、適切な危機回避の措置をタイミングよく講じなかったりすると、パニック恐怖症自体がむしろパニックを生み出す原因となる。もし、安全管理の責任者が、勇気をもってきちんとしたリスク・コミュニケーショ

ンを行えば、多くのパニックは回避(かいひ)できる。

[広瀬弘忠(ひろせひろただ)　日本経済新聞「ココロジー」（1998.8.10.）より]

（注）けん伝：にぎやかに宣伝(せんでん)すること

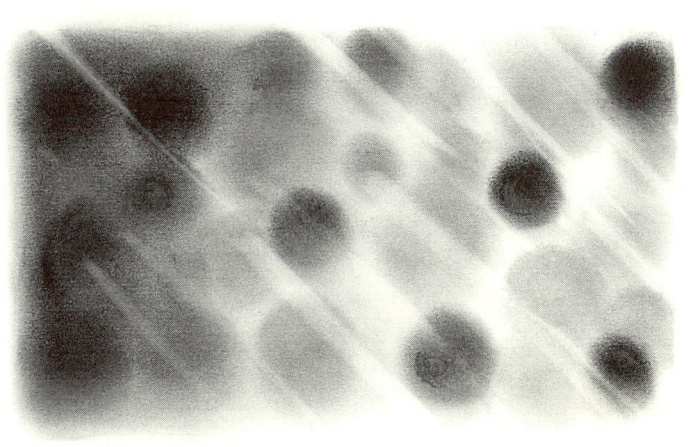

STEP 2

# 内容の問題

I　1～6を読んで、本文の内容と合っているものに○をつけなさい。

1　(　)　パニックは、大勢の人が自己防衛のためにとる行動だ。
2　(　)　パニックが起こるための条件は3つある。
3　(　)　パニックは、危険から脱出する道がないとわかった時に起こる。
4　(　)　潜水艦や航空機が事故にあうと、必ずパニックが起こる。
5　(　)　アメリカのあるサパークラブで火事が発生した時、パニックが起こり、大勢の人が亡くなった。
6　(　)　パニックを引き起こさないためには、危険情報を伝えないほうがいい。

II　アメリカのサパークラブで起きた火災について、[　]の中から、本文の内容と合っているほうを選びなさい。

1　火災でサパークラブは[半焼／全焼]した。
2　火災発生の知らせが届いてから、[すぐ／しばらくして]黒い煙が室内に入ってきた。
3　亡くなった人は全部で[125人／164人]だった。
4　従業員と、ショーに出演していたコメディアンは、客がパニックになるのを心配[した／しなかった]。
5　それで彼らは、火事が起きた時、客に[大きい火事／ボヤ]が発生したと告げた。
6　その知らせを聞いて、客は[大きい／たいしたことはない]火事だと思い、[パニックになって／安心して]しまった。
7　結局、この火災は[被害があまり出なかった／大惨事になった]。

III　[　]の中から正しいほうを選び、筆者の意見を完成させなさい。

　　パニックを防止するには、[安全／危険]の性質や、その回避の[方法／発生]について、正しい[準備／情報]が提供されることが重要である。安全管理の責任者が、きちんとした[パニック／リスク]・コミュニケーションを行えば、多くのパニックは[脱出／回避]できるのである。

第11課　パニック

# 言葉の問題

I　①〜⑤の言葉の意味をa〜eから選び、（　）に記号を書きなさい。

① 脱出（　）　　a　お金や物、知識などを相手に差し出すこと
② 収容（　）　　b　危険な場所や状態から抜け出すこと
③ 提供（　）　　c　映画やテレビ番組などに出ること
④ 対応（　）　　d　人や物をある場所に入れること
⑤ 出演（　）　　e　相手の態度や状況に合わせて動くこと

II　Iの①〜⑤から適当な言葉を選び、_____に書きなさい。

1　地震で倒れたビルの中から、何とか自力で_____することができた。
2　林さんは、子供の時から何十回となく大きな舞台に_____している。
3　パーティーの場所は_____しますから、食べ物と飲み物はそちらで用意してください。
4　新しくできたコンサートホールは、2000人の観客を_____できるそうだ。
5　年々増える不登校の子供たちへの_____が問題になっている。

III　1〜5の_____に入る言葉をa〜eから選び、_____に記号を書きなさい。

[　a　発生　　b　安全　　c　防衛　　d　着陸　　e　大型　]

1　自己_____　　2　緊急_____　　3　火災_____
4　_____管理　　5　_____宇宙船

# 第12課　午後の仮眠

**Warm-up** ちょっと考えてみましょう。

1　昼寝をしたり仮眠をとったりすることがありますか。
2　仕事中に眠くなったらどうしますか。

**Keywords** 次の言葉から、本文の内容を予測しましょう。

オフィス　　　　リフレッシュコーナー　　　昼寝　　　仮眠する
眠気　　　　　　気分転換　　　　　　　　　昼下がり　作業意欲
疲労感　　　　　抑止する

# 午後の仮眠

　昼のニュースが流れるテレビの前のソファで、男性社員数人が目を閉じてうとうとしている。照明が落とされたオフィスでは、女子社員が机にうつぶしている。イスを数脚並べ、ベッド代わりに横になる男性も。

　東京・赤坂にある大手建設会社・鹿島のＫＩビル。設計部門が入居するこのビルには、ソファとテレビが置かれたリフレッシュコーナーが各階に２か所ある。昼休みにはここを始め、ビルのあちこちで昼寝をする姿が見られる。女子社員は主に会議室を"占拠"するという。

　研究職の男性社員(39)は「毎日30分くらい仮眠するのが生活リズムになっている。眠れないと、夕方眠気で頭がさえなくなる」と言う。設計事務部門で働く男性(40)も「昼食後に仮眠すれば、頭がすっきりした状態で午後の仕事に向かえる」と話す。

　「ここに入っているのは、創造力が求められる部署なので、気分転換できるスペースを設置した。昼休み以外の時間帯に昼寝する人も見かけるが、それをとがめるような風潮はない」と同社。

　このように、ちょっとした仮眠を取れる空間を設ける企業は増えつつある。オフィス環境向上のための活動を行う「ニューオフィス推進協議会」（東京）の篠崎輝紀事務局長は「社員評価が結果重視の成果主義となれば、過程としての仮眠は許されるのでしょう」と分析する。

　陽気のよい昼下がりに眠くなるのは、寝不足や気の緩みばかりが理由ではない。人の睡眠には半日周期のリズムがあり、昼の眠気は午後２時ごろにピークを迎えるのだ。

　広島大学総合科学部の堀忠雄教授（精神生理学）は「昼休みに15分ほど眠れば、午後の覚醒水準や作業意欲が向上する」と、15分の仮眠を「新シエスタ（昼寝）・システム」として習慣化することを提唱している。

　大学生を正午と午後２時に仮眠する群に分け、20分の昼寝の後に、簡単な計算の成績や疲労感の改善状況を調べた実験では、午後２時の昼寝の方が効果が高かった。普通の社会人が午後２時に寝るのは難しいが、「正午の仮眠でも午後２時の眠気は抑止できた。20分では眠りが深くなるので、15分で十分」と指摘する。

　北半球の先進諸国では一般的に昼寝はタブー視されてきた。その代わりとなる眠気への対処法が「おやつ」だという。「八つ時（午後２時ごろ）に、カフェインを含んだ緑茶やコーヒーを飲み、菓子を食べる習慣は各国で見られる。ものをかむことには覚醒作用がある」。

　堀教授の実験では、仮眠は午後のうっかりミスを防止する効果もあった。鹿島では、「工事現場では必ず昼寝をする。そうしないとミスが起き、事故につながる。昼寝が許される風潮はこうしたこととも関係がある」と話す。

STEP 2

勤勉を善としてきた日本社会で、午後の仮眠は怠惰の表れでなく、必要な休息ととらえる考え方が当たり前になる日が来るだろうか。

［菊地裕之　読売新聞「ねむけのメカニズム」（1999.5.1.）より］

第12課　午後の仮眠

# 内容の問題

I　[　]の中から、本文の内容と合っているほうを選びなさい。

1　ある建設会社では［リフレッシュコーナーだけで／ビルのあちこちで］仮眠をとることができる。
2　ある男性社員は仮眠をとると頭が［さえなくなる／すっきりする］と言った。
3　眠気は［正午／午後2時］ごろピークを迎える。
4　［北半球／南半球］では、昼寝はあまり好ましくないと考えられていた。
5　おやつを食べるのは［眠気をさます／空腹を満たす］ためである。

II　KIビルにあるリフレッシュコーナーについて、1～5から正しいものを選びなさい。

1　テレビを見ることができる。
2　ベッドが置いてある。
3　ビルの各階に2つずつある。
4　会議室の中にもある。
5　昼休み以外にも利用できる。

III　仮眠の効果について、本文の内容と合っているものを1～5から1つ選びなさい。

1　創造力を使った仕事をする人のほうが、工事現場で働く人よりもっと効果がでる。
2　仮眠の効果は、社会人よりも大学生のほうに大きく見られる。
3　正午に仮眠したほうが、午後2時に仮眠するより効果的だ。
4　20分以上眠らないと、効果がない。
5　仮眠でミスを防ぐことができる。

# STEP 2

## 言葉の問題

I ①〜⑤の言葉の意味をa〜eから選び、（　）に記号を書きなさい。

① 風潮（　　）　　a 何かをやろうと思う強い気持ち
② 空間（　　）　　b 世の中の傾向
③ 過程（　　）　　c ある広さをもった場所
④ 水準（　　）　　d 程度、レベル
⑤ 意欲（　　）　　e 物事が移り変わっていく様子

II Iの①〜⑤から適当な言葉を選び、＿＿＿＿に書きなさい。

1　階段の下の＿＿＿＿＿を利用して、物入れを作った。
2　20年前と比べると、国民の生活＿＿＿＿＿はかなり上がってきた。
3　子供から大人になる＿＿＿＿＿で、反抗的な時期がだれにでもある。
4　給料が安すぎて、働く＿＿＿＿＿がなくなってしまった。
5　世の中、金がすべてだという＿＿＿＿＿は許せない。

III 1〜5の（　）に助詞を入れて、続きとして適当なものをa〜eから選び、＿＿＿＿に記号を書きなさい。

1　大きな事故のニュース（　　）＿＿＿＿。　　a 迎える
2　十分睡眠をとると、頭（　　）＿＿＿＿。　　b 流れる
3　10分の休憩ののち、仕事（　　）＿＿＿＿。　c 緩む
4　試験が終わると、気（　　）＿＿＿＿。　　　d 向かう
5　ラッシュアワーは8時ごろピーク（　　）＿＿＿＿。　e さえる

# 第13課　気の利くエレベーター

**Warm-up**　ちょっと考えてみましょう。

1　エレベーターを待っている時、何秒（何分）ぐらいでいらいらしてきますか。

2　多少待ってもすいているエレベーターと、こんでいてもすぐ来るエレベーターとどちらがいいですか。

**Keywords**　次の言葉から、本文の内容を予測しましょう。

エレベーター　　コンピューター　　運行制御　　待ち時間
効率的　　　　　遺伝子工学　　　　予告灯　　　戸惑う

STEP 2

# 気の利くエレベーター

　エレベーターのボタンを押したら、いくら待っても到着しない。ようやく来たら満員だった——そんな事態を避けるエレベーターの開発に拍車がかかっている。コンピューターの小型化で高性能の運行制御が可能になったためで、階によって待ち時間を最短にするか、多少待ってもすいているエレベーターを呼べる選択式の機種も登場。効率的な運行の計算に、遺伝子工学を応用するメーカーも出てきた。

　三菱電機や日立製作所、東芝などの国内のエレベーターメーカーは「日本ほどエレベーターの開発競争が激しい国はない」と口をそろえる。「日本人はせっかちで、待ち時間が30秒を超すと、怒りだすビジネスマンが少なくない」（日立）ためだ。国民性や状況にもよるが、時の流れがゆるやかな欧米では1分近くならがまんしてもらえる、という。

　平均的な待ち時間は30秒程度だったが、最近は25秒以下の競争が始まっている。コンピューターの小型化で、狭い機械室に高性能な制御機を設置できるようになったためだ。出退勤や昼食など時間ごとの乗り降りを予測し、利用者が多い階に素早くエレベーターを向かわせる技術開発で、この4月には日立の「遺伝子工学を応用した運行制御」も登場した。

　各階のエレベーターごとの待ち時間や混雑度などを常に記憶しておき、過去のデータと比較。翌日の運行スケジュールをつくるため、確率論を使って一連のデータを処理する方法が、「遺伝子の組み換えに似ている」ためだ。忙しい社員の多い営業部のように待ち時間の短縮を優先する階と、重役室向けにすいているエレベーターを優先して到着させる階を設定でき、効率的に運行できるようになったという。

　東芝は「なるべくうそをつかないエレベーターを実現した」と胸を張る。

　これまでは、呼びボタンを押して最初に「来ます」の予告灯がついたエレベーターがほぼ到着するように設定されている。しかし、ボタンを押した時点では最も早く来るはずだったエレベーターが、途中階で止まったりして、実際にはほかのエレベーターの方が早いケースも多い。

　現在の方式でも、いったんついた予告灯を消し、他のエレベーターの方に移し替えできるが、「予告灯がともったり消えたりすると、戸惑う人が多い」などの理由で、移し替えは「100回に3回程度」に抑えている。一番早く来ることを示すはずの予告灯は結果的に「うそ」をついていた形だ。

　新方式は、高性能のパソコンで、移し替えの回数を増やせるようにした。昨年から売り出し、「多忙な階の人に好評」という。

[朝日新聞「気の利くエレベーター開発競う」(1996.9.6.) より]

第13課　気の利くエレベーター

## 内容の問題

Ⅰ　1～5を読んで、本文の内容と合っているものに○をつけなさい。

1　(　　) 小型のコンピューターでは複雑な運行制御はできない。
2　(　　) 最近、遺伝子工学を応用したエレベーターの動かし方が開発された。
3　(　　) 欧米人より日本人のほうがエレベーターを長く待てない。
4　(　　) エレベーターを利用する時、どんな人にとっても、待ち時間が短いことが一番重要である。
5　(　　) 一度ついた予告灯が消えて、ほかのエレベーターが先に来ることもある。

Ⅱ　[　　]の中から、本文の内容と合っているものを選びなさい。

1　日本人ビジネスマンの中には、エレベーターを[25秒／30秒／1分]以上待つと怒り出す人も少なくない。
2　欧米人は一般的に[25秒／30秒／1分]近くエレベーターを待つことができる。
3　これまでの日本の平均的なエレベーターの待ち時間は、[25秒／30秒／1分]だったが、最近エレベーターメーカーは[25秒／30秒／1分]以下になるよう競っている。
4　[営業部員／重役]のいる階には、すいているエレベーターを優先的に到着させるように設定できる。

Ⅲ　「うそをつかないエレベーター」とはどんなエレベーターですか。1～4から最も適当なものを1つ選びなさい。

1　呼びボタンを押したらすぐ来るエレベーター
2　途中階で止まらないエレベーター
3　予告灯がともったり消えたりしないエレベーター
4　予告灯がついているのが最初に来るエレベーター

STEP 2

## 言葉の問題

I ①～④の言葉の意味をa～dから選び、（　）に記号を書きなさい。

① 気が利く　　　　（　　）　　a　物事の進み方がさらに速くなる
② 拍車がかかる　　（　　）　　b　自信のある様子を見せる
③ 口をそろえる　　（　　）　　c　細かいところにまで注意がいきとどく
④ 胸を張る　　　　（　　）　　d　多数の人が同じことを言う

II　Iの①～④から適当な言葉を選び、必要なら形を変えて、_____に書きなさい。

1　オリンピックを前に、競技会場や周辺のホテルの建設に_____いる。
2　同僚たちは_____課長の態度を批判した。
3　「テストどうだった？」と聞かれて、その子供は「100点だったよ。」と_____答えた。
4　彼女は_____ので、秘書に向いている。

III　1～6の（　）に入る漢字をa～gから選び、例にならって記号を書きなさい。

[　a　化　　b　高　　c　最　　d　式　　e　新　　f　性　　g　度　]

例：（ b ）性能

1　（　　）方式　　　　2　小型（　　）　　　3　混雑（　　）
4　選択（　　）　　　　5　（　　）短　　　　6　国民（　　）

# 第14課　雑木林のなかで
ぞうきばやし

**Warm-up** ちょっと考えてみましょう。

1　海や山などで、捨てられたゴミを見たことがありますか。
　　　　　　　す
2　どうしてそのようなところにゴミを捨てるのだと思いますか。

**Keywords** 次の言葉から、本文の内容を予測しましょう。
　　　　　　　　　　　　　　　ないよう　よそく

雑木林　　ゴミ　　犯人　　自然の破壊　　よそ者　　利己主義
ぞうきばやし　　　はんにん　しぜん　はかい　　　　　　りこしゅぎ

STEP 2

# 雑木林のなかで

　夕暮れの武蔵野を歩いた。

　落日のころ、すがれきった原に立つと真正面に富士、左には丹沢、箱根の山々、右には秩父の峰が連なり、日は富士と秩父の間に沈んでゆく。空には雲ひとつなく、稜線がくっきりと浮かび出て、夕焼けに染まった稜線をはさんで上下の空間に広がる色の濃淡。それは日本的、というよりほかに形容のないようなながめだった。

　まだ暮れ残る薄明かりのなかを平地林にはいる。無数に立ち並ぶ細い雑木は葉が落ちつくし、厚く敷きつめられた枯葉を踏んで歩くときの靴裏の感触がたまらない。冷たく澄んだ空気のなかを、ふと木の香が流れる。黒土の道から直角に折れて十数本、二列に並ぶ杉木立の香りだ。その並木道の奥に、境内というものもなく、ひっそりと小さな社が立つ。それでも正月だけに、しめなわは新しく、その色はたそがれのなかを、白く、ゆるやかな弧を横に描いている。

　だが、散歩のだいご味はそこまでだった。この社のほとりに、いくつかのビニール袋につめられたゴミが、みにくい姿をさらしていたのだ。歩みを進めると、そこにも一カ所、あちらにも一カ所と、散歩道のそばにゴミの集積。いったい、だれの仕業だろう。

　広い林に囲まれて、何軒ものわらぶき屋根を含む小さな集落がある。まるで隠れ里のようなこの地元の人びとが、まさか自分たちの社の周りを汚すはずはない。とすれば、犯人は、この林の外側まで押し寄せた住宅街のなかにいるのか。

　以前、日本人は自然のなかに生き、一方西洋人は、自然を征服して生きるといわれた。前者は自然との協調であり、後者は対決であるといえよう。しかし、日本人は戦後、西洋の技術をわがものにしたとき、自然への態度を一変する。それは西洋流の征服どころか、自然の破壊に直結している。

　問題をもっとしぼろう。自然との協調は自然への愛情に根ざす。しかし、よそ者にとって、他人の林はゴミ捨て場にすぎなくなってしまった。そこに見られるのは、不毛な利己主義だけである。心が病んでいるのに気がつかぬ不幸。こういう人びとがふえるほど、自然は加速度に荒らされてゆくのだろう。

　みにくいビニール袋の発見からここまで連想するのは、あるいは思いすごしかも知れない。しかし、この林が来年も、その静かなたたずまいを保っているといいきれるだろうか。

　散歩の終わりに心が重く沈んだのは、日が落ちきって、急に加わった寒さのせいばかりではないようであった。

[牟田口義郎『旅のアラベスク』(朝日新聞社) より]

(注1) 武蔵野：地名。東京の西部
(注2) すがれきった：すっかり枯れてしまった

第14課　雑木林のなかで

# 内容の問題

I　1～6を読んで、本文の内容と合っているものに○をつけなさい。

1　(　　)　夕焼けの中の山々はとてもきれいだった。
2　(　　)　この雑木林の散歩は、はじめから楽しくなかった。
3　(　　)　筆者はここにゴミを捨てにきた。
4　(　　)　今の日本人の自然に対する態度は、昔とは大きく変わってしまった。
5　(　　)　利己的な人より自然に愛情をもった人が、これからもっとふえるだろう。
6　(　　)　筆者は暗い気持ちで散歩を終えた。

II　[　　]の中から、本文の内容と合っているほうを選びなさい。

1　夕方の山のながめは、[とても日本的だった／日本的とは言えなかった]。
2　枯葉を踏んで歩くのは、[楽しかった／いやだった]。
3　雑木林の中の空気は、冷たくて[いやだった／心地よかった]。
4　林の中のゴミは[一カ所／何カ所か]に捨てられていた。
5　この林の[周り／中]に小さな集落がある。
6　[集落の人／住宅街の人]が社の周りにゴミを捨てたりしないはずだ。
7　自然を征服して生きるといわれたのは[日本人／西洋人]だ。
8　戦後の日本人は[自然との協調／自然の破壊]を進めてきた。
9　他人の林にゴミを捨てる行為は[自然との対決／利己主義]に根ざす。
10　この林は来年[さらに荒らされているかもしれない／このまま変わらずにある]と思う。

III　筆者はどうして「心が重く沈んだ」のですか。1～4から最も適当なものを1つ選びなさい。

1　自然と対決するために、自然を破壊する人がいるから。
2　日が沈んで、急に寒くなってきたから。
3　自然を征服するために西洋の技術を取り入れたから。
4　他人の林にゴミを捨てるような利己的な人がふえたから。

# STEP 2

## 言葉の問題

Ⅰ　①〜⑤の言葉の意味をa〜eから選び、（　）に記号を書きなさい。

① 染まる　（　　）　　　a　ひどい状態にする
② しぼる　（　　）　　　b　広がったものをせまく限定する
③ 病む　　（　　）　　　c　ある状態を変えずに、そのまま続ける
④ 荒らす　（　　）　　　d　ある色に変わる
⑤ 保つ　　（　　）　　　e　心や体が健康でなくなる

Ⅱ　Ⅰの①〜⑤から適当な言葉を選び、必要なら形を変えて、＿＿＿＿に書きなさい。

1　田中さんは健康を＿＿＿＿＿ために、週2回スポーツクラブに通っています。

2　雪の山々が夕日に赤く＿＿＿＿＿、まるで絵のようだった。

3　現代社会はストレスが多いことから、心を＿＿＿＿＿人がふえてきている。

4　留守のあいだにどろぼうに入られて、部屋を＿＿＿＿＿しまった。

5　「教育問題」というテーマは大きすぎるので、「大学入試制度」に＿＿＿＿＿、話し合いましょう。

Ⅲ　1〜4の～～の動詞に続く適当な動詞を［　　］から選び、必要なら形を変えて＿＿＿＿に書きなさい。

[　つめる　　きれる　　寄せる　　並ぶ　]

1　新築の家が立ち＿＿＿＿＿住宅街を見て回った。

2　厚いじゅうたんが敷き＿＿＿＿＿ホテルのロビーは、人であふれていた。

3　スーパーの開店セールに、朝早くから客が押し＿＿＿＿＿。

4　テレビニュースで見るかぎり、彼にその事故の責任があるとは言い＿＿＿＿＿。

# 第15課　便利な道具

**Warm-up** ちょっと考えてみましょう。

1　道具は本来、人間が使うためにあります。しかし、人間が道具に使われるということはありませんか。

2　今、持っている道具の中で、これは本当に便利だと思うものがありますか。それは何ですか。

**Keywords** 次の言葉から、本文の内容を予測しましょう。

触る　　　点滅する　　　スタンド　　　作動する　　　弱電流
キャッチする　　　仕組み　　　湿度　　　便利な道具の不便

## 便利な道具

　贈り物をするのは、その人に喜んで貰いたいと思うからなのだが、これがなかなかうまくゆかない。よく知っている人だから間違いなくゆくとは限らない。まして関係の薄い相手となれば、考えるのは無理というものだ。

　そこで、選択できるギフトが喜ばれる。私は実用一点張りの口だから、お鍋とかスリッパのようなものを選んで、それなりに重宝しているけれど、お鍋ばかり増えても困る。カタログの中に、触ると点滅するスタンドというのがあって、具合が良さそうだった。卵の黄身くらいの丸い金属部分を軽く触ると明かりがつく。

　ちょっと、開けゴマという感じで、今に、ひと睨みで用が足りる世の中になるかもしれないといい気分で、枕元に置いて使っていた。

　先だって、さあ寝ようと何時も通りに触ったのに、スタンドは消えない。触り方がいけなかったかと、もう一度やってみたが、明かりはそのままだ。

　「あれ、壊れたのかしら。どうしたのかなあ」

　「どれ」

　主人がちょんとつついたら消えた。闇の中で面白そうに

　「消えるじゃないか。壊れてないよ。①よくしないからスタンドがそっぽ向いたんだろ」

　「そんな、今までこんなことなかったのに、何であなたの②言うこと聞くのに私じゃ駄目なの」

　何でかなと言いも果てず、向こうは眠ってしまった。

　次の夜も同じ。一度はつくが、あとは何をどうやっても、消えもせずつきもしない。「スタンドがからかってんだよ」と、自分がやれば作動するのに③気をよくして、主人までこっちをからかう。

　「多分これは人の弱電流をキャッチして点滅する仕組みになっているんだよ。電圧が足りないから駄目なんだ」

　それでは、まるで④総身に電圧が回りかねるといわれた気分だ。その時、私は金属部分を押さえて何とかしようとむきになっていた。と、いきなり主人がこちらの腕を掴んだ。あら不思議、明かりは消えた。また掴む。またつく。跳び起きて座り直してしまった。

　「何よこれ、スタンドの分際で何たる不都合。⑤人を延長コードなみに扱うなんて」

　いきり立ってみても、けろっと明かりはついている。ああおかしいと涙をこぼして主人はいつまでも笑っている。こっちはちっともおかしくなんかない。そっちがそうなら、えいっとばかり、コンセントを抜いて電気を切った。

　暗い中で考える。主人が触ればちゃんと機能するのだから、壊れてはいない。問題は私の

方にあるのは確かだ。困ったことに、化学にも物理にも私は弱い。自分の体の中の弱電流なんて感じたためしはない。

翌日、製造元に電話で聞いてみた。冬、乾燥している時にこういうことが起きるが、湿度があれば作動する筈だそうだ。それなら指先を湿らせればいいと思ったが、そうは問屋が卸さなかった。ぜんぜんつきもしない。今様、便利な道具の不便というのはどうしようもない。新しいスタンドを買ってこよう。私の性に合ったものを。ふと気がついた。なんだ、主人に頼めばいいのだ。

「のうのうこちの人、この明かり消して下され」

と言ったなら、頼んだ人は心得たとなるはずなのだが、さてどうだろう。乾きを止める春の雨はまだだ。

[青木玉　朝日新聞「なんでもない話」(1997.3.9.) より]

(注1) 開けゴマ：魔法を使うときの言葉

(注2) 言いも果てず：言い終わらないうちに

(注3) そうは問屋が卸さない：そんなにはうまくいかない

(注4) のうのうこちの人：あのう、そこの人［古語表現］

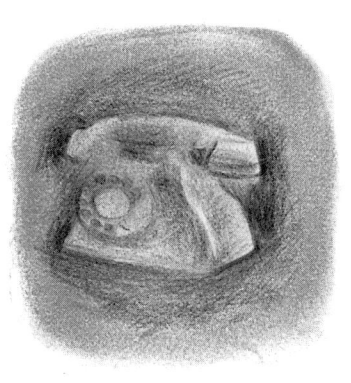

STEP 2

## 内容の問題

I　1～7を読んで、本文の内容と合っているものに○をつけなさい。

1　(　)　筆者はこのスタンドを、自分で買った。
2　(　)　スタンドは、寝室で使っていた。
3　(　)　スタンドは初めから、筆者の思い通りに動かなかった。
4　(　)　筆者の夫は、スタンドが壊れていると言った。
5　(　)　スタンドがなかなか消えないので、筆者も夫も怒った。
6　(　)　メーカーに問い合わせたら、スタンドがうまく作動しないのは、乾燥のせいだと言われた。
7　(　)　結局、筆者は新しいスタンドを買った。


II　本文中の＿＿＿＿①～⑥は、それぞれ誰／何のことですか。[　]から適当なものを選びなさい。

①　「よくしない」のは、[筆者／筆者の夫／スタンド] である。
②　「言うこと聞く」のは、[筆者／筆者の夫／スタンド] である。
③　「気をよくした」のは、[筆者／筆者の夫／スタンド] である。
④　「総身に電圧が回りかねるといわれた」のは、[筆者／筆者の夫／スタンド] である。
⑤　「人を延長コードなみに扱う」のは、[筆者／筆者の夫／スタンド] である。
⑥　「心得たとなる」のは、[筆者／筆者の夫／スタンド] である。

# 第15課　便利な道具

**Ⅲ　次の文の_____に、（　）の動詞を適当な形にして書きなさい。**

筆者は、金属部分を軽く触ると明かりが_____スタンドを使っていた。ある夜、筆者は
　　　　　　　　　　　　　　　　　　　　　①（つく）

いつものように明かりを_____とスタンドに触れたが、スタンドは_____。それで、
　　　　　　　　②（消す）　　　　　　　　　　　　　　　　　　　③（消える）

筆者の夫がつついてみると、スタンドはすぐ_____。筆者はスタンドが_____かと思
　　　　　　　　　　　　　　　　　　　　④（消える）　　　　　　　⑤（壊れる）

ったが、夫は「_____じゃないか。_____ないよ」と言う。次の日も同じで、一度は
　　　　　　　⑥（消える）　　　⑦（壊れる）

_____が、あとはどうやっても_____もせず_____もしない。ところが、夫が
⑧（つく）　　　　　　　　　　⑨（消える）　　　⑩（つく）

筆者の腕をつかんだとたん、明かりが_____ので、筆者は驚いてしまった。
　　　　　　　　　　　　　　　　　　⑪（消える）

93

STEP 2

# 言葉の問題

I ①〜⑤の言葉の意味をa〜eから選び、（ ）に記号を書きなさい。

① 選択する　（　）　　　a 便利でよく使う
② 重宝する　（　）　　　b 働く、うごく
③ 作動する　（　）　　　c 水分が少なくなる
④ 点滅する　（　）　　　d ついたり消えたりする
⑤ 乾燥する　（　）　　　e たくさんある中からえらぶ

II Iの①〜⑤から適当な言葉を選び、必要なら形を変えて、＿＿＿に書きなさい。

1 太平洋側は冬になると、空気がとても＿＿＿＿＿ので、火事が起きやすい。

2 高校ではふつう、音楽や美術といった科目は＿＿＿＿＿取ることになっています。

3 このエレベーターは、ドアに何かがあたると、安全装置が＿＿＿＿＿止まるようになっている。

4 青信号が＿＿＿＿＿始めたら、無理に渡らないほうがいいですよ。

5 このスイス製のナイフは缶切りもついているし、キャンプの時などにとても＿＿＿＿＿いる。

III 1〜5の（　）に助詞を入れて、続きとして適当なものをa〜eから選び、＿＿＿に記号を書きなさい。

1 親子の関係（　）＿＿＿。　　　　a なる
2 電話で用（　）＿＿＿。　　　　　b うすい
3 けんかしてそっぽ（　）＿＿＿。　c 合っている
4 長男はすぐ、むき（　）＿＿＿。　d 向く
5 この仕事は私の性（　）＿＿＿。　e 足りる

# STEP 3

# 第1課　物のこころ

**Warm-up**　ちょっと考えてみましょう。

1　あなたが今一番大切にしている物は何ですか。
2　家の中に、たとえば人形のように、家族同様に扱ったり、話しかけたりする物がありますか。

**Keywords**　次の言葉から、本文の内容を予測しましょう。

| ジャケット | 重宝 | 海外旅行 | 傷む | いとおしさ |
| 品物 | 心 | ポンコツ車 | 処分する | 自転車 | 置き捨て |

## 物のこころ

　十数年前、独特なチェック模様で著名なブランドメーカーからジャケットを一着購入した。柄がしゃれている。着やすくて、しわにならない。
　茶・紺・グレイ、どのズボンともよく合う。ネクタイを締めれば、インフォーマルな衣装としてなんの不足もないし、Tシャツの上に羽織れば、カジュアルとしてわるくない。この上なく重宝で、旅行のときには……とりわけ海外旅行のときには、必ずといってよいほど頻繁にこれを利用した。海外取材の写真を見れば、ほとんどの場合、私はこれを着て写っている。
　が、何年か着ていれば、当然、傷み始める。とりわけ裏地がほころび、色があせる。
　五年前イスラエルに旅したときに、
　―これが最後だな―
　旅先で、さんざん着用して、旅程の最終日に捨てるつもりだった。
　ところが、テルアビブのホテルで荷造りをしているうちに、
　―なにも知らない異国のごみ箱に捨てることもないか―
　いとおしさが湧いてきて、結局、持ち帰った。
　翌年、チュニジアへ行ったときにも、その翌年、イタリアへ赴いたときにも、同じことを繰り返した。
　―品物にだって心があるだろう―
　取材旅行は楽しいことばかりではない。ジャケットともなれば、私の体をしっかりと包んで苦楽をともにした仲ではないか。せめて最期は、日本の、わが家のごみ箱で命をまっとうさせてやりたい。
　そう思いながら、さらにトルコにも着て行き、エジプトにも持っていき、相変わらず持ち帰ってきた。もう裏地はボロボロだ。胴まわりが体に合わなくなった。さすがに着用するわけにいかず、それでもなお、クローゼットのすみで、最期のときを待っている。
　このジャケットは極端な例ではあるけれど、
　―品物にだって心はあるさ―
　理性では信じていないくせに、私はビヘイビア(注1)において幼稚なアニミズム(注2)を抱いているところがあるようだ。


　五木寛之さんのショートショートに、(注3)
　―たしか『老車の墓場』というのがあったな―
　と思い出す。

若夫婦が、十数年使い古した老車を所持している。文字通りのポンコツ車である。

だが、そのころ、この国では、自動車の『置き逃げ防止法』が施行され、車が捨てられない。古い車を処分するためには、新車を買うのと同じくらい費用がかかる。若夫婦には、その算段がつかない。

「なんとかいい方法はないかなあ」

「捨て逃げは罪が重いし」

「廃車保険に入っておくんだった」

「今さら、それを言っても仕方ないでしょ」

若夫婦は夜ごとに同じぐちを繰り返していた。

すると……ある夜、ガレージのほうで物音がして、ポンコツ車がひとり走り出していく。持ち主は自転車であとを追う。海の断崖まで。

——やつは自殺する気なんだ——

主人思いのポンコツ車は、みずから命を絶つことを決心したのだった……。涙ぐましくもほほえましい情景は、原作で味わっていただきたい。四半世紀も昔の作品だが、今は『奇妙な味の物語』（集英社刊）に収められている。おそらく五木さんもマイカーに対するアニミズム的な愛着から、この短い物語の発想を得たにちがいない。

郊外地の駅周辺を歩くと、自転車の置き捨てが目立つ。道路の一角を勝手に自転車置き場にしているケースも困ったものだが、明らかに捨てられた自転車も多い。

——自転車にだって、心があるだろうに——

と、私は悲しくなってしまう。

今は錆びつき、雨にさらされ、走ることもままならない様子だが、そんな自転車にだって、かつては光り輝いていた時代があっただろう。

「おい、自転車を買って来たぞ」

父親の声もろともに、家族全員が飛び出し、ながめて、さすって、試乗して、おおいに胸を弾ませる、そんな愛顧を受けた昔もあっただろうに。

あわれな末路を見るたびに秋風が冷たく感じられてしまうのである。

[阿刀田高　朝日新聞「夜の風見鶏」（1995.11.19.）より]

（注1）ビヘイビア：behavior（行動）
（注2）アニミズム：animism（木や石にも心があるとする考え）
（注3）ショートショート：とても短い小説
（注4）集英社：出版社の名前

STEP 3

# 内容の問題

I　1～10を読んで、本文の内容と合っているものに○をつけなさい。

1　(　)　筆者は十数年前に買ったジャケットが大変気に入っている。
2　(　)　筆者はこのジャケットを海外旅行の時しか着ないことにしている。
3　(　)　ジャケットはだいぶ傷んできたし、体に合わなくなったので、もう着られない。
4　(　)　筆者はジャケットを外国で捨てないで、自分の家のごみ箱に捨てるほうがいいと思った。
5　(　)　筆者は最後にもう一度だけ着ようと思って、そのジャケットをクローゼットに入れている。
6　(　)　ある小説に出てくる若夫婦は、古い車がもったいなくて捨てられないでいる。
7　(　)　その古い車を捨てるには、お金がだいぶかかるようだ。
8　(　)　ポンコツ車は若夫婦のために、自分で自分を処分しようとした。
9　(　)　筆者は自転車を見るたびに、ついさすって子供のころを思い出してしまう。
10　(　)　筆者は捨てられた自転車を見ると、かわいそうになる。

II　「私はビヘイビアにおいて幼稚なアニミズムを抱いている」(p.98)とはどういう意味ですか。1～4から最も適当なものを1つ選びなさい。

1　海外旅行で写真をとる時は、いつも同じジャケットを着て写るようにしていること。
2　苦楽をともにしたジャケットがもう着られないのに、捨てられずに取ってあること。
3　どこへ行くにも気に入った1枚のジャケットばかり着ていくこと。
4　ジャケットを購入する時には、著名なブランドメーカーの物を選ぶようにしていること。

III 1～7が、本文の中の車のことならA、自転車のことならBを、（　　　）の
中に書きなさい。

1 （　） 若夫婦が捨てたがっている。
2 （　） 買った時の家族の様子が想像される。
3 （　） ひとり走り出していった。
4 （　） よく道路に捨てられている。
5 （　） 勝手に捨てると重い罪になる。
6 （　） 家族全員にかわいがられたにちがいない。
7 （　） 何カ月も雨にぬれていたため、使えそうにない。


IV 1～4から、ほかのものと性質の違うものを1つ選びなさい。

1 『奇妙な味の物語』
2 『夜の風見鶏』
3 『置き逃げ防止法』
4 『老車の墓場』

STEP 3

## 言葉の問題

I ①〜⑤の言葉の意味をa〜eから選び、（ ）に記号を書きなさい。

① いとおしい　　（　　）　　a　疑いなくはっきりしている様子
② 涙ぐましい　　（　　）　　b　かわいくてしかたがない
③ ほほえましい　（　　）　　c　思わずにっこり笑いたくなるような
④ 明らか　　　　（　　）　　d　かわいそうで、悲しくなるような
⑤ あわれ　　　　（　　）　　e　人が頑張っている様子を見て、心が動かされるような

II Iの①〜⑤から適当な言葉を選び、必要なら形を変えて、＿＿＿＿に書きなさい。

1　6歳くらいの女の子が弟にアイスクリームを食べさせているのを見て、＿＿＿＿＿思った。

2　突然いなくなったわが家の犬が、汚れた＿＿＿＿＿姿で帰ってきた。

3　集合時間を部員に伝えなかったのは、＿＿＿＿＿部長のミスだ。

4　私が家に帰ると、いつも「パパ！」と走り寄ってくる息子を＿＿＿＿＿と思う。

5　小山さんは7年かかってやっと試験に合格し、弁護士になった。きっと＿＿＿＿＿努力があったのだろう。

III [　]から適当な言葉を選び、記号を（　）に書きなさい。

[　a　せめて　b　相変わらず　c　さすがに　d　さんざん　e　とりわけ　]

　筆者は（　　）着用して傷んできたジャケットを、旅の途中で捨てようとした。ところが、異国の地に捨てるのがかわいそうになり、（　　）わが家で命をまっとうさせてやりたいと思い、持ち帰った。それでも（　　）旅行の時、（　　）海外旅行には必ず持っていった。そしてボロボロになり、（　　）着られなくなった。しかし、まだ捨てられないで、家に置いてある。
　　　　　　　　　　①　　　　　　　　　　　　　　　②
　　　　　　　　　　　　　　　　　　　　③　　　　　　　　④
　　　　　　　　　　　　　　⑤

# 第2課　店員の応対
おうたい

**Warm-up**　ちょっと考えてみましょう。

1　店員の応対で不愉快な思いをしたことがありますか。
　おうたい　ゆかい

2　気持ちよく買い物ができる店とはどんな店でしょうか。

**Keywords**　次の言葉から、本文の内容を予測しましょう。
　　　　　　　　　　　　　　　　ないよう　よそく

店員　　　マニュアル通りの応対　　　コンビニエンスストア

無感情な応答　　自己防衛　　臆病　　共同体　　親切心　　笑顔
　　　おうとう　　じこぼうえい　おくびょう　　　　　　　　えがお

## STEP 3

# 店員の応対

　店員の応対やサービスが悪くなったという話を最近よく聞く。マニュアル通りの応対しかできない若い店員が増えたともいわれている。言葉と感性を大事にしている詩人の白石かずこさん(68)は「店に入っただけで感じのいい店かどうかが分かる。親切心があれば品物が多少悪くても、またここで買いたいという気持ちになる」とアドバイスしている。

[飯島一孝]

-------------------------------------------------------------------------------

　先日朝、急に必要なものができて、コンビニエンスストアに行ったんです。目指す品物がないので若い女性店員に「どこに売っているんですか」と聞いたら、「ないものを聞くな」といわんばかりの態度を取られてカチンときた。

　ところが、別の日に違うコンビニに入ったら、とっても感じが良かった。店の中の空気が全然違い、温かい感じがしました。上に立つ人の教育もあるんでしょうが、店に入っただけで、すさんだ感じのする店と、親切な感じの店があるんですね。感じがいいと、とても気持ちが和らいで、またそこで買いたい気持ちになりますね。

　最近は、ロボットと話しているような感じがする店員がいますね。私は動物でも鳥でも気持ちが通じ合えるくらい感性で生きてるものですから、「人間なのに人間の要素が少ないのかな」と思ってしまう。これは女の子ばっかりとは限らない。男の子の場合もある。心ある態度の店員に接すると、暖かい春の空気のようなものがこっちに漂ってくる。多少の欠点があっても、少しぐらい品物がよくなくても、ここで買ってもいいなと思うようになる。

　それに、店員に商品の知識がないとカチンときますね。そんなに難しいことではないんだから、商品のことをきちんと覚えてお客に説明してほしいですね。他人よりも勉強心があれば、リストラになってもクビにならなくて済むこともあると思うんです。

　アルバイトの人でも、アルバイトでやっているという気持ちだと、人生がすべてアルバイト的になるんです。全力投球している人と、そうでない人とでは雰囲気が全然違ってきますから。

飯島：今、不景気でサービスにも影響がでている？

　普通の商店は大変ですよ。すごいサービスもしているし、非常に気を使っているのを感じますね。それに引き換え、サービスが悪いのはコンビニなどのチェーン店に多いですね。

飯島：なぜこうなったのか。

　私は戦後派といわれる時代に育ちました。日本の国は貧しかったが、国全体が一歩一歩上昇に向かう時だったので、とても幸せな時代だった。怠惰であっては上がってはいけないし、

いろんなものを勉強して吸収していかなければいけなかった。だから、おいしいものを食べたいとか、良い地位につきたいという個人的な欲望でなく、世の中がどうなっているのか見たいとか、自分の知らない世界を勉強したいというほうに欲望が向いていったんですね。」

　ところが今はそうではなくなっている。情報が過剰で、欲望が満たされても満たされても不満である。人間の欲望は果てしなくて、満たされれば満たされるほど欲望が大きくなって、最後には海の水を全部飲んでも満たされないのではないかという感じがする。だから、あらゆることに人間が不感症になっている。それが、本当に無感情な応答とか、むしろ感情を入れることが損になるのではないか、という気持ちを起こしていると思う。

　今、個人個人は心のドアを閉ざしながら生きている。それは自己防衛のためで、情報社会の中で自然に身についた知恵だと思う。どれだけ秘密の情報を持っているかが自分にとって武器になるというふうに、今は防御態勢を若い人たちが持っているんではないか。それで、言われた通りの応答とか、感情を込めないということが世の中を生きる最も安全な生き方だというふうに思っている。敷かれたレールを踏み外したら生きてはいけないのではないかと、ものすごく臆病になっていると思うんです。

　だからマニュアル以外の言い方をしようという意欲が消えていく。意欲とは、少なくとも自分の意思でやることですから、自分が責任をとろうとしないということですね。そういう空気の中で育ってきて自分だけ守ればいいという、非常にひ弱なエゴだと思う。」

　人間は共同体の中で生きていくわけだから、互いに相手のことを思いやって、相手の気持ちも分かることによってこっちの気持ちも分かってもらえるという相互関係で成り立っている。ところが、大人は子供にこのことを教えていない。また、子供も昔は日の暮れるまで遊び回る中で自然に身につけたんです。それで人間はどんどん非人間的になっていくし、テレビなどの影響で虚構と現実との関係が分からなくなってくる。

　飯島：店長へのアドバイスを。

　店員の応対をマニュアル化しておうむ返しに指導するのではなく、それに親切心みたいなものをプラスする必要がある。例えば笑顔でもいいかもしれない。人間はやっぱり太陽の向いているほうが北風がぴゅうぴゅう吹いているよりも気持ちがいいわけですよ。日が差している表情をすることがお客を呼ぶことだし、自分の人生をプラスの方に向けることになると教えたらずいぶん違うと思いますよ。それが見知らぬ人に好かれる、愛されることになるんです。愛されて生きるのと嫌われて生きるのとでは、愛されるほうが楽だし、楽しいんですよ。

STEP 3

白石さんは「私はお天気屋だから店員が不親切だったり、ブスッとした顔でいられるとカチンとくる。同じ生きていくのに、嫌な感じのする店に行きたくないでしょう」と、言い切っている。

［飯島一孝インタビュー　毎日新聞「今週の『異議あり』詩人・白石かずこさん」（1999.3.4.）より］

第 2 課　店員の応対

# 内容の問題

I　1～8を読んで、本文の内容と合っているものに○をつけなさい。

1　(　)　白石さんは店に入ると、すぐ感じがいい店かどうか調べる。
2　(　)　品物がよくなくても、人間的な店員がいる店なら買いたくなる。
3　(　)　店員は商品知識を持つ必要はない。
4　(　)　現代社会は人が限りなく欲望をもつ時代だ。
5　(　)　最近の若い人は心を開いていない。
6　(　)　現代の若者は自分の持っている情報を積極的に他人と交換する。
7　(　)　今の社会では、大人は子供に人間の相互関係について教えていない。
8　(　)　店員を教育するには、マニュアルを覚えさせるだけでは不十分だ。


II　[　]の中から、本文の内容と合っているほうを選びなさい。

1　筆者が育った時代は［不幸せな／幸せな］時代だった。
2　その当時の人々は［社会的な関心／個人的な欲望］が強かった。
3　今、人々は情報がたくさんあるので、［欲望が満たされて満足している／欲望がさらに大きくなり、満足できない］。
4　不感症になるということは［何に対しても欲望を感じない／何を手に入れても満たされない］ということだ。
5　若い人は、今［意欲的／臆病］になっている。それは、言われた通りのことをするほうが［安全な／責任がとれる］生き方だと思っているからだ。
6　今の大人は子供に［自分だけ守ればいい／相手を思いやることも必要だ］ということを教えていない。

STEP 3

Ⅲ 筆者が店員に必要だと言っているものを、1～8から3つ選びなさい。

1　マニュアル通りの応対
2　動物と通じ合える感性
3　多少の欠点
4　商品知識
5　秘密の情報
6　防御態勢
7　意欲
8　笑顔

Ⅳ 筆者は最近、店員の応対で不快に思ったことがあります。その時の印象を一語で表すと、どれになりますか。1～4から最も適当なものを1つ選びなさい。

1　全力投球
2　個人的な欲望
3　情報過剰
4　非人間的

第2課　店員の応対

# 言葉の問題

I　①～⑤の言葉の意味をa～eから選び、（　）に記号を書きなさい。

① 怠惰　　（　　）　　a　こわがってやろうとしない様子
② 過剰　　（　　）　　b　何かをしても、それが自分の利益にならないこと
③ 損　　　（　　）　　c　やるべきことをやろうとしない様子
④ 臆病　　（　　）　　d　心や体がしっかりしていないこと
⑤ ひ弱　　（　　）　　e　必要以上に多いこと

II　Iの①～⑤から適当な言葉を選び、_____に書きなさい。

1　あの子は_____で、雷が鳴ると、こわくて泣き出してしまう。
2　仕事もせず、家でブラブラしているような_____な生活は改めるべきだ。
3　このごろちょっところんだだけで、骨折してしまうような_____な子供が多くなってきた。
4　みかんの生産が_____になり、値段が安くなって、農家が困っている。
5　あの人は、昔から_____になるようなことはしない主義で、今日の財産を作り上げた。

III　[　　]の中から、適当な言葉を選びなさい。

1　会社は社員教育にかける日数をもっと［増える／増やす］方針らしい。
2　店員に笑顔で応対させたら、品物がよく［売れる／売る］ようになった。
3　セールスマンは成績を［上がる／上げる］ために、真夏の暑い日も、家々を訪問して歩いている。
4　新入社員は仕事を通じて社会のルールを身に［ついて／つけて］いくものだ。
5　たとえ失敗しても、それをプラスの方に［向く／向ける］努力が必要だ。

109

# 第3課　さかさまのカレンダー

**Warm-up** ちょっと考えてみましょう。

1　今、家でどんなカレンダーを使っていますか。カレンダーは毎年、自分で買いますか。それとも、もらったものを使いますか。

2　「さかさまのカレンダー」というのは、どんなカレンダーだと思いますか。

**Keywords** 次の言葉から、本文の内容を予測しましょう。

| | | | |
|---|---|---|---|
| さかさま | 日めくりのカレンダー | 出張 | 浮気がばれる |
| 若い新入社員 | やり直す | 夫婦水入らず | 温泉 |
| 別れる | 騙す | 刺される | |

## さかさまのカレンダー

　その、一見「古道具屋」かと思える店に入って行ったのは、ゴタゴタと置かれたランプや書きもの机の奥に、カレンダーらしいものが見えたからである。
　もちろん、いくら古いものを売っている店でも、カレンダーまで「古い」のは置いていないだろう。その日めくりのカレンダーにしたところで、きっと来年のものだ──。
　何といっても、もう10月も半ばなのだ。今から今年のカレンダーをほしいと思ってもまず手に入らない……。
「何かお捜しですか？」
　出しぬけに声をかけられて、私はびっくりして飛び上がりそうになった。
「いや……あの……」
と口ごもってから、「この日めくりは──今年の？」
「そうですよ」
　一体いくつなのか見当もつかないような老人だ。無表情に私を眺めて、
「カレンダーをお捜しで？」
「うん……。ちょっと引っ越ししてね。カレンダーがどこかへ行っちゃったんだ。もう10月だからね。どこを捜したって今年のカレンダーなんてないし……。困ってたんだ」
　いちいち言いわけしている自分がおかしかった。しかし、まさか「浮気がばれて女房に家を叩き出されてね」とも言えないだろう。
「じゃ、これをもらうよ」
　私はそれを買って、金を払いながら、「──1年がいい年になるカレンダーなんてものがあるといいね」
と、独り言のように呟いた。
　すると、それまで面白くもない、という顔をしていたその店の老人が、突然ニヤリと笑ったのである。そして、
「そんなカレンダーも、ないとは限りませんよ」
と、言ったのだった。

「何だ、これは？」
　ほとんど家具らしい家具もない寒々としたアパートへ戻り、布団を敷いて、さて寝ようかと思った私は、買って来た「日めくり」をめくってみて目を丸くした。
　その日めくりは「12月31日」から始まっていた。そして、次のページは「12月30日」その次は「12月29日」……。

STEP 3

　最後のページはどうなっているかと見てみれば、「1月1日」。――欠陥商品か、これは？
「ま、いいや」
　こんなボロアパート、明日も知れない今の私にはピッタリかもしれない。――今日の日付「10月20日」を出してピッと破ると、
「あ、いけね」
　前の日、「10月19日」が出てしまった。
「畜生！」
　何だかやけに腹が立って、私は日めくりをそのままに、ふてくされて布団へ潜り込んだのだった……。


「あなた！――あなた！」
　揺さぶられてハッと目を覚ます。
　妻の聡子が、こっちを覗き込んでいるのだ。私はびっくりして起き上がった。
「お前――」
　と言いかけて気が付く。
　ここは……私の家だ。聡子に追ん出されて捜し歩いた挙句にやっと見付けたあの安アパートではなく、十数年、聡子と一緒に暮らして来た「わが家」である。
　では――あれは全部夢だったのか？　それともこれが夢なのか。
「何をぼんやりしてるの？」
　と、聡子が呆れたように、「早くしないと出張でしょ。列車に遅れるわよ」
「出張？」
「ええ。そう言ってたじゃないの。広島へ出張だって。変な人」
「出張か。――ああ、そうだった」
「急いでね」
　聡子は寝室を出て行く。
　私は呆然としていた。――広島へ出張。
　これは……「前の日の朝」の光景だ。
　ふと枕もとを見て、ギョッとした。あの「日めくり」がある。「10月19日」。
　すると……同じ日を、もう一度やり直していることになるのか？
　もしそうなら――。私はあることを思い付くと、飛び起きた。

第3課　さかさまのカレンダー

　列車がホームに入って来た。
　私はドキドキしながら、それが起こるのを待っていた。本当にこんなことがあるのだろうか？
　ガラガラッと列車の戸が開く。そのとき、
「あなた！」
と声がして、聡子が凄い剣幕でホームを駆けてくるのが目に入った。
「聡子」
「あなた！　女はどこよ！」
と、聡子はヒステリックに叫んだ。「分かっているんですからね。会社へ電話したら、今日と明日は休暇だっていうじゃないの。私に出張だなんてでたらめ言って！　あの若い新入社員の子ね。白状しなさい！」
　私はちょっと笑って、
「怒る前に乗らないか。発車しちまう」
「え？」
「グリーン車が二枚。お前と二人で温泉でもって思ってたのさ」
「何ですって？」
「疑われてるのは分かってた。きっとお前が来るだろうと思ったから、わざと黙っていたのさ。──さ、たまにゃ夫婦水入らずで楽しもうじゃないか」
　呆気に取られている聡子を促して、列車に乗り込む。──座席に落ちつくと、私はホッと息をついた。
　本当なら、聡子の察した通り、「彼女」と二人で出かけるはずだった。ホームに二人でいるところへ聡子が現れて大騒ぎ。
　かくて私は家を叩き出されることになる……はずだった。
　しかし、あの「日めくり」のおかげで、私はその危機を何とか逃れることができた。
「彼女」には可哀そうだが、身内に急病人が出たと電話を入れておいた。──若い子を相手にするのも、ほどほどにしておけ、という夫の声かもしれない。
　私は聡子がすっかり機嫌を直してお弁当など買っているのを、そっと横目で見ながら、戻ったら「彼女」とは別れよう、と思っていた……。

「楽しかったわ！　ね、また行きましょうね！」
　列車が東京駅へ着くと、聡子は伸びをして、言った。

113

STEP 3

「荷物を持つよ」
　私は、聡子より一足先にホームへ降りた。
　ボストンバッグを足下に置いて、一息ついていると、
「お帰りなさい」
　と、声がして——。
「君……。何してるんだ？」
　私は「彼女」がそこに立っているのを見て、啞然とした。
「私、あなたと奥さんが列車に乗るのを、ホームの隅で見てたのよ」
　と、「彼女」は言った。「私を騙したのね！」
「いや、これにはわけが——」
　と言いかけて、私は青ざめた。
「彼女」の手には鋭く光る刃物があった。
　よける間もなく、私は刺されて、倒れた。
　薄れて行く意識の中で、私は考えていた。
　——やり直せるからといって、人生は決して良くなるばかりではないのだ、と……。

［赤川次郎『散歩道』赤川次郎ショートショート王国（光文社）より］

第3課　さかさまのカレンダー

# 内容の問題

I　[　]の中から、本文の内容と合っているほうを選びなさい。

1　私は古道具屋で［今年／来年］のカレンダーを買った。
2　それは、［普通の／変わった］日めくりのカレンダーだった。
3　そのカレンダーは［1月1日／12月31日］から始まっていた。
4　カレンダーを買って、私は［妻と住む家／一人で住むアパート］に帰った。
5　カレンダーの今日の日付をめくると、［あした／きのう］の日付が出てきた。
6　私が妻に揺さぶられて目を覚ますと、それは［次の日／前の日］の朝だった。
7　そこは［それまで住んでいたわが家／引っ越したばかりのアパート］だった。
8　カレンダーを買った前日、私は［出張に行く／「彼女」と旅行する］つもりだった。
9　うそをついたことがばれて、私は妻に家を［出て行かれた／追い出された］。
10　カレンダーを買った次の日、私は［「彼女」／妻］と二人で温泉に行った。
11　温泉から帰ってきたところに［「彼女」／妻］が来て、私は刺されてしまった。

II　「私はあることを思い付くと、飛び起きた」(p.112)とありますが、何を思い付いたのでしょうか。1〜4から最も適当なものを1つ選びなさい。

1　旅行に行くのをやめて、出張すること
2　出張するのをやめて、会社を休んで家にいること
3　出張に行くとうそをついて、「彼女」と温泉旅行に行くこと
4　「彼女」とではなく、妻を連れて温泉旅行に行くこと

III　「さかさまのカレンダー」というのは、どんなカレンダーですか。1〜4から最も適当なものを1つ選びなさい。

1　日付の数字が上下さかさまに書いてあるカレンダー
2　日めくりの日付が戻ってしまうカレンダー
3　めくると、同じ日付が何回も出てくるカレンダー
4　毎月31日をめくると1日が出てくるカレンダー

115

STEP 3

# 言葉の問題

I ①〜⑤の言葉の意味をa〜eから選び、（ ）に記号を書きなさい。

① 一見　　（　）　　a 特に何も考えずに
② まさか　（　）　　b ちょっと見た感じでは
③ やけに　（　）　　c 必要以上に
④ ふと　　（　）　　d 偶然ではなく、特別にそのために
⑤ わざと　（　）　　e 信じられないことに

II Iの①〜⑤から適当な言葉を選び、＿＿＿に書きなさい。

1 ホームに立って＿＿＿＿向こう側を見ると、高校のときの友達がいた。
2 ＿＿＿＿彼女が木村君と結婚するとは思わなかった。
3 あの先生は＿＿＿＿やさしそうだが、実はとてもこわい。
4 朝、出かける前に風邪薬を飲んだせいか、今日は＿＿＿＿眠くなる。
5 スキー教室で、インストラクターは上手な転び方を教えるため、＿＿＿＿転んで見せた。

III 1〜6の＿＿＿に入る言葉を、a〜fから選び、記号を書きなさい。

[ a ニヤリ　b ハッ　c ギョッ　d ホッ　e ピッタリ　f ガラガラッ ]

1 足に＿＿＿合うくつは、なかなか見つからない。
2 どろぼうは袋いっぱいの宝石を手にして、＿＿＿と笑った。
3 強い地震が起き、棚の上のものが＿＿＿と落ちてきた。
4 大切な皿を落としてしまったが、割れなかったので＿＿＿とした。
5 暗い道を歩いていたら、木の陰から急に人がでてきたので＿＿＿とした。
6 電車で眠っていて、＿＿＿と気が付くとそこは終点の駅だった。

# 第4課　100億頭のゾウ

**Warm-up** ちょっと考えてみましょう。

1　人類と他の生物との大きな違いは何でしょうか。
2　世界の人口が増え続けると、どうなると思いますか。

**Keywords** 次の言葉から、本文の内容を予測しましょう。

生物圏　　　　地球　　　　人口増加　　　　エネルギー代謝

ゾウ1頭分　　　巨大化　　　絶滅　　　　　人間圏の規模

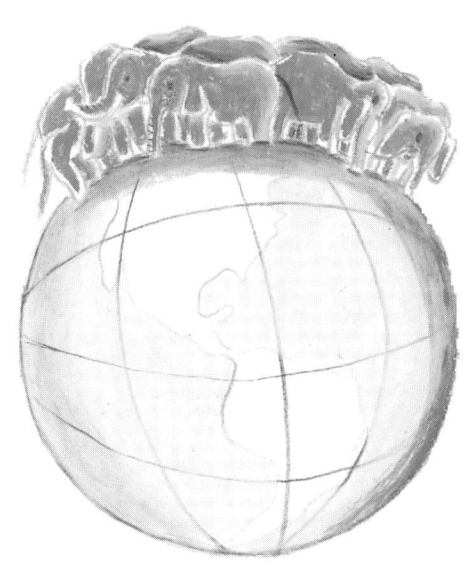

# 100億頭のゾウ

　人類は約1万年前に、それまで長く続いていた狩猟採集に頼る生活から、農耕牧畜を中心とする生活へと、ライフスタイルを一新させた。他の動物や植物などと全く同じ立場である生物としての生き方から、森を焼いて農地や牧畜地に変えて自らの食料を主体的に生産していく、人間という別種の存在になったのである。

　生物圏の中の一員としての人類であったときは、他の動植物と同じパターンで物やエネルギーの流れを利用する、受動的な生き方をしていた。ところが、いつの間にか、森林を伐採して農地を作ったり、エネルギー源として石炭や石油を利用するようになった。つまり地球というシステムの物やエネルギーの流れを積極的に利用する、能動的な生き方に変化した。この現象を、私は「地球システムの中の生物圏から人間圏が分化した」と表現しているのだが、その理論については回を追って詳しく説明していこうと思う。

　このような人間圏を作ったときから、現在の人間が抱えるすべての問題が始まった、といってよい。

　もし生物圏の中で生きていくとすれば、物やエネルギーにおいて他の生物と同じレベルだから、人類の数はせいぜい1000万人止まりだろう。ところが我々は人間圏を作って、地球システムそのものから物やエネルギーを利用しているため、60億人近い人口が存在できている。

　20世紀に入ってからの100年間では、人間圏は少なくとも4倍に拡大している。20世紀初頭には15億人程度だった世界人口が、20世紀末の現在では60億人近くになった。この割合で人口増加を続けていくと、あと2000年ほどで人間の総重量は地球の質量と等しくなってしまう。地球ではなく人球というわけだが、地球の上に地球と同じ重さの人類が生活することが可能かどうか、考えなくてもわかるはずである。

　地球が人球になってしまうことを、いったいどのくらいの人が知っているだろうか。人間圏の存在が地球システムの物やエネルギーの流れに乱れを起こし、環境問題や資源・エネルギー問題、食糧問題、人口問題などの課題として、我々の文明のあり方に問題を投げかけているのも至極当然といえるだろう。

　ところで、エネルギー代謝からみた場合、「1人の人間は1頭のゾウに匹敵する」ことをご存じだろうか。

　ゾウは草食動物だから、植物を食べて自らの生活に必要なエネルギーを得て、それを日常の行動や生理現象の中で消費していく。そのゾウを養っている植物は、太陽エネルギーを使う光化学反応（炭酸同化作用）によって生活に必要なエネルギーを得ている、という関係が成り立っている。

人間の場合は、こんな簡単な図式ではすまない。雑食のため動物も食べるのだが、その動物にも草食種だけでなく肉食種もあり、肉食動物はさらに別の動物を食物として必要とする。行き着くところは太陽エネルギーで育つ植物なのだが、人間がじかに植物を食べるものとして計算すると、途中のロスが含まれるため膨大なエネルギー量となる。

　加えて、これこそが問題なのだが、衣・住のためにも大量のエネルギーを必要としている。他の動物にはほとんど見られないエネルギー消費のパターンで、この事実だけで生物圏と人間圏が異なることがわかるはずだ。

　このように人間1人のエネルギー代謝をみてくると、優にゾウ1頭分に匹敵する数値となるわけである。

　21世紀の半ばに、世界の人口は100億人を超えると推測される。つまり、100億頭のゾウが地球上で生活することになる。このような世界を、はたして想像することができるだろうか。生物圏のなかで生活する本物のゾウでは決して起こらない事態が、生物圏を飛び出して独自の人間圏を作ってしまった人類に起きているのである。

　まだまだ巨大化を続ける人間圏を、我々は今後どのように運営していくつもりなのか。恐竜は最後にはあっけなく絶滅したものの、トータルでは1億数千万年という長期間にわたって繁栄した。ところが人類が誕生してから、まだ1000万年にもならないのに、すでに絶滅について考えねばならなくなった。

　人間圏が安定して存在できるかどうかは、その規模次第といえる。たとえば10億人の人からなる人間圏なら、現在の豊かさを維持したまま1000年間は持つことだろう。だが、世界人口100億人ともなると、せいぜい100年という時間であろう。

　人類は、サルから分化したヒトとして地上に現れてから500万年たらず。人間としての文明を持ってからわずか1万年という短い時間で、大きな課題を抱えてしまっているのである。

[『1万年後の「人間圏」』松井孝典　『SINRA』1998年5月号（新潮社）より]

STEP 3

# 内容の問題

I　1〜7を読んで、本文の内容と合っているものに○をつけなさい。

1　（　）　人間以外の生物は食料を生産しない。
2　（　）　人間は、はじめから生物圏と分かれて、人間圏を作っていた。
3　（　）　人類が他の生物と同様の生き方をしたら、人口は1000万人ぐらいだっただろう。
4　（　）　人間圏の存在は地球システムやエネルギーの流れに変化をもたらした。
5　（　）　1人の人間のエネルギー代謝はゾウ1頭分より少ない。
6　（　）　人類は人間圏を作ったことで、巨大化した。
7　（　）　人類は恐竜よりも長く繁栄するにちがいない。


II　本文の内容と合うように［　　　］の中から適当な数字を選び、（　　　）に書きなさい。

［　100　　2000　　1万　　1000万　　1億数千万　　100億　］

1　人類が大きく生活を変えて、人間としての文明をもったのは（　　　）年前である。
2　生物圏だけで生きていける人類の数は（　　　）人までである。
3　人口増加が続いて、人間の総重量と地球の質量が同じになるのは約（　　　）年後であろう。
4　21世紀半ばの世界人口は（　　　）人以上になるであろう。
5　恐竜が繁栄していたのは（　　　）年という長い間であった。
6　現在の豊かさのままで100億の人間が生活できるのは、あと（　　　）年程度であろう。

Ⅲ 「生物圏から人間圏が分化した」(p.118)とはどういうことですか。1～4から最も適当なものを1つ選びなさい。

1 人間がサルから分化して、ヒトとして現れたこと。
2 人間が地球の物やエネルギーを積極的に利用するようになったこと。
3 人間が他の生物と分かれて、森や牧草地に住むようになったこと。
4 生物圏の中のエネルギーを利用しなくなったこと。


Ⅳ 「人間1人のエネルギー代謝をみてくると、優にゾウ1頭分に匹敵する」(p.119)とはどういう意味ですか。1～4から最も適当なものを1つ選びなさい。

1 人間が食糧からとるエネルギー量と、ゾウが生活に必要とするエネルギーが同じである。
2 人間の石油、石炭などのエネルギー消費量は、ゾウの日常の行動のエネルギー量に匹敵する。
3 人間1人が生活していくためのエネルギー量は、ゾウ1頭が食べる植物のための太陽エネルギーの量と同じである。
4 人間がじかに植物を食べるとして考えた場合、途中のエネルギー・ロスとゾウの消費するエネルギー量は同じになる。


Ⅴ 本文の中で、筆者が一番言いたいことは何ですか。1～4から最も適当なものを1つ選びなさい。

1 21世紀は人間が絶滅して、100億頭のゾウが生きる時代になる。
2 人間は現在の豊かさを維持したまま、恐竜のように長期間にわたって、繁栄できる。
3 人間はゾウに匹敵するエネルギー量を必要とするから、また生物圏にもどるべきだ。
4 このまま人間圏が巨大化し続けると、人類が絶滅する恐れがある。

# STEP 3

## 言葉の問題

I ①〜⑤の言葉の意味をa〜eから選び、（　）に記号を書きなさい。

① 匹敵（ひってき）（　　　）　　a　会社などの組織を動かしていくこと
② 推測（すいそく）（　　　）　　b　同じぐらいであること
③ 運営（うんえい）（　　　）　　c　ある状態をそのまま保っていくこと
④ 繁栄（はんえい）（　　　）　　d　大きな勢力をもつこと
⑤ 維持（いじ）（　　　）　　　　e　たぶんこうだろうと考えること

II Iの①〜⑤から適当な言葉を選び、＿＿＿に書きなさい。

1　社長は「我が社の＿＿＿＿のために、ますます努力してほしい」と言った。
2　海のそばに別荘を建てたが、＿＿＿＿するのにお金がかかってたいへんだ。
3　太陽エネルギーに＿＿＿＿するエネルギーは見つからないだろう。
4　あの研究会は5人の委員によって＿＿＿＿されている。
5　たとえわからない言葉があっても、前後の関係から、文の意味は＿＿＿＿できるはずだ。

III 1〜6の＿＿＿に入る言葉をa〜fから選び、＿＿＿に記号を書きなさい。

[ a 牧畜（ぼくちく）　b 反応（はんのう）　c 草食（そうしょく）　d 狩猟（しゅりょう）　e 生理（せいり）　f 人口 ]

1　＿＿＿採集（さいしゅう）　　2　農耕（のうこう）＿＿＿　　3　＿＿＿動物
4　光化学（こうかがく）＿＿＿　　5　＿＿＿現象（げんしょう）　　6　＿＿＿増加

# 第5課　人間とロボットの共生

**Warm-up**　ちょっと考えてみましょう。

1　現在ロボットはどんなことに使われていますか。
2　今後どのような場で、ロボットが利用されるようになると思いますか。

**Keywords**　次の言葉から、本文の内容を予測しましょう。

ロボット　　　共生　　　技術的問題　　　心理的な側面
知能ロボット　　コスト・パフォーマンス　　信頼性
研究開発　　ロボットコンテスト

STEP 3

# 人間とロボットの共生

## やって来るロボットと共生する時代

　21世紀半ばごろまでには、我々の身の回りでロボットが活躍するようになっているであろう。それは、オフィスやレストラン、病院などの建物の内部だけではなく、建設・建築作業現場やガス・石油プラントなどの屋外人工空間、さらには、農作業場や林業作業場などの自然環境内でも見られる光景となろう。もしかしたら、家庭内でもロボットが活躍しているかもしれない。

　すなわち、我々人類とロボットが共生する時代が、遠からず確実にやって来ることになろう。

　例を挙げよう。

●レストランでは、ウエイターやウエイトレスに交じって、少数のロボットウエイターが、出来上がった注文の品をお客のテーブルに運んでいることであろう。

●石油貯蔵タンクは、もし内部の石油が漏れ出すと大変な環境汚染となるため、定期的に亀裂の有無を検査しているが、この検査作業に、タンクに吸い付いて移動する検査ロボットが使われているはずである。

●人工林で、杉などの用材となる樹木の伐採は大きな危険を伴う作業である。特に我が国のような急傾斜面にある林地は、高齢作業者にとって非常につらく、危険な作業現場である。このような林地では、林業組合からリースされた林業ロボットが、人間の簡単な指令のもと、切るべき樹木に自動的に接近して抱きつき、木を安全に切り倒し、運搬しているに違いない。育林現場でも、同様に重要な役割を果たしていることであろう。

●高齢者の居る家庭では、高齢者の安全に絶えず気を配りながら、簡単な身の回りの雑用を手伝っているロボットが見られるに違いない。

　このようにロボットは、人間にとって欠くことの出来ないパートナーとして活動しているはずである。しかし、そのためにはクリアしなければならない問題がたくさんある。それは、必ずしも技術的問題だけでなく、人間の心理的な側面の問題もある。

　それでは、近い将来の人間とロボットの共生の時代に向けて、解決しなければならない問題にはどんなものがあるか、どんな解決手段がありそうか、そのための研究の現状はどうなっているのだろうか。

## 知能ロボットが使われない理由

　残念ながら現在のところ、ある程度の判断力を持った知的なロボットが実際に使われてい

る例はほとんど無い。たとえ工場の中と言えども、目や手を持った知能ロボットは使われていない。現在、工場で数多く使われている産業ロボットは、いわば一種の自動機械で、ＮＣ（数値制御）工作機械と基本的にそれほど変わるものではない。

　知的ロボットあるいは知能ロボットが実際に使われない原因は幾つかある。第一の原因は、現状のロボットのコスト・パフォーマンスがひどく悪いということである。すなわち、大したことも出来ないくせに、購入しようとすると、えらく高価である。

　第二の原因は、信頼性が低い、ということである。知能ロボットは、数多くのセンサーやモーターなどの要素から成り、それらが有機的に機能して、はじめて使いものとなる一つの「システム機器」である。逆に、それらの数多くの要素のうち、一つでも調子が悪いと、期待する動きはしないし、暴走する危険がある。現状の知能ロボットは、我々人類が安心して付き合える状態にはほど遠い。

　ロボットとは、少なくとも、この二つの問題がそこそこに解決された時、ようやく購入出来るし、我々の身の回りを動き回っても許せる、というような機械であるが、実は、これが大変難しい。

　これらの問題を本当に解決するためには、まず知能ロボットが実際に使われることが第一である。しかし、そのためには、先の二つの問題がクリアされないといけない。まるで、卵と鶏の関係である。


## 知能ロボットが活躍するための方策

　このような知能ロボットを巡る隘路を打破する道として、筆者は次のようなものを考えている。

　まず、企業は、ある種の知能ロボットを使わざるを得ない状況にある分野を探して、これに向けた製品を市場にぶっつける勇気を持つことである。このような、人間にとって厳しい状況にある分野として、原子力や宇宙などの極限環境を思い浮かべる人が多いだろうが、この分野だと、使われる数が少なすぎる。すなわち、特殊な機械となってしまう危険性があり、本当の意味での産業技術とは成りえない。

　一方、介護・介助の分野は、介助する人の補助者としてのロボットがぜひ欲しい分野だし、数も見込める。その他にも、幾つか考えられるが、ここで詳しく述べる紙数は無い。

　第二に、現状の研究開発のやり方に新たな側面を追加することである。これまでのロボット技術の研究開発は、人間の持つ能力の実現を目標に、高度な機能を狙うものがほとんどで

あった。しかし、先に述べたように、ロボットを真の産業技術としていくためには、まず信頼性高く、確実に動く技術を確立していくことが重要である。
　このような視点を持つ研究開発プロジェクトに公的資金が投入されることを切に願うものである。

**ロボコンは恰好の模擬実験場**
　ところで、各地で開かれているロボットコンテストは、これら問題の解決とつながる側面を持つ。ロボコンでは、少なくともロボットが信頼性高く動かないと勝負にならないからである。筆者はこの点においても、ロボコンの持つ意義を強く感じている。今後、学生のみならず、多くの企業や機関がロボコンに積極的にエントリーすることで、自然とこのような技術が開発され、定着していくことであろう。
　第三に、ロボットが人間と共生するためには、人間サイドの心理的な側面も重要である。出来れば、見た目も可愛い、敵意を感じさせないロボットであって欲しい。
　筆者の研究室で聞き取り調査したところ、これに適合するロボットには、ある種のスタイルがあることが分かった。要約すると、やはり小型で、目が二つと手が二本あり、身体が丸っこいことが必要である。
　このような可愛いロボットが我々に協力してくれる日がそれほど遠くないことを、願望を込めて断言しておきたい。

［中野栄二　『科学技術ジャーナル』1998年5月号（科学技術広報財団）より］

（注）隘路：障害が多く進みにくい道

第5課　人間とロボットの共生

# 内容の問題

I　1～7を読んで、本文の内容と合っているものに○をつけなさい。

1　（　）　21世紀半ば、ロボットは屋内ばかりでなく、屋外でも大いに活躍しているはずだ。
2　（　）　これからのロボットは主に危険な作業現場で使用されることになる。
3　（　）　技術的な問題さえ解決されれば、人間とロボットは良いパートナーになれる。
4　（　）　現在、工場では知的なロボットはほとんど使われていない。
5　（　）　現在の知能ロボットは、コスト・パフォーマンスは悪いが信頼性は高い。
6　（　）　知能ロボットは、人間にとって厳しい労働環境の中でこそ使われるべきだ。
7　（　）　ロボットコンテストは、ロボットの技術開発を進める上でも意味がある。


II　筆者が考えている将来のロボットについて、[　]の中から、本文の内容と合っているほうを選びなさい。

1　レストランでは [人間とロボット／ロボットだけ] が働いている。
2　石油プラントではロボットが [タンクが汚染されている／タンクに亀裂が入っている] かどうかを調べる。
3　危険な人工林では [人間／ロボット] が指令を出し、[人間／ロボット] が木を切り倒し、[人間／ロボット] が運搬を行う。
4　家庭では [高齢者がロボット／ロボットが高齢者] の安全に気を配る。

STEP 3

Ⅲ　「まるで、卵と鶏の関係である」(p.125)とはどういう意味ですか。1～4から最も適当なものを1つ選びなさい。

1　実際にロボットを使うことより、まずコストと信頼性の問題を解決しなければならない。
2　実際にロボットが使われないとコストと信頼性の問題は解決しないし、その問題が解決しなければロボットは使われない。
3　まずロボットが実際に使われることが大切で、コストと信頼性の問題はその後で解決すればよい。
4　実際にロボットを使うことによってコストと信頼性の問題が解決されても、またすぐに別の問題が生まれる。


Ⅳ　知能ロボットが活躍するための解決策として、筆者が考えているのはどんなことですか。1～6から適当なものを3つ選びなさい。

1　企業が思い切ってロボットを売り出すこと。
2　原子力や宇宙などの極限環境で使うロボットを開発すること。
3　人間と同じ能力をもつ高度なロボットの研究開発をすること。
4　確実に動くロボットを作ること。
5　人間の心理的な側面も理解できるロボットを作ること。
6　ロボットの外見を親しみがもてるものにすること。

第5課　人間とロボットの共生

# 言葉の問題

I　①〜⑤の言葉の意味をa〜eから選び、（　）に記号を書きなさい。

① クリア　　　　（　　）　　a　多くの人や費用、時間を使う仕事
② システム　　　（　　）　　b　いろいろな人の作品や能力などを競う会
③ プロジェクト　（　　）　　c　問題などを解決すること
④ コンテスト　　（　　）　　d　競技会などに申し込むこと
⑤ エントリー　　（　　）　　e　各部分を合わせて一つのものとし、動くようにしたもの

II　Iの①〜⑤から適当な言葉を選び、＿＿＿に書きなさい。

1　宇宙に人が住める空間を建設しようという大きな＿＿＿＿が、各国の協力で始まっている。
2　4年ごとに開かれるオリンピックには、190以上の国と地域が＿＿＿＿する。
3　留学するためには、まず語学の試験を＿＿＿＿しなければならない。
4　コンピューターの故障によって、防犯＿＿＿＿が働かなくなった。
5　ワインの産地を当てる＿＿＿＿に多くのワイン愛好家が出場した。

III　[　]から適当な言葉を選び、記号を（　　）に書きなさい。

[　a　すなわち　　b　さらに　　c　まず　　d　しかし　　e　一方　]

　人間と同じような能力をもつロボット、（　　）知能ロボットの開発が盛んになっているが、（　　）問題となるのは、どんなロボットが必要かということだ。（　　）、その
①　　　　　　　　　　　　　　　　　　　　②　　　　　　　　　　　　　　　　　　　　　　　　　　③
ロボットに確実に作業する能力を持たせることができるかが重要だ。現在、介護、介助の分野ではロボットに大きな期待が寄せられている。（　　）建設業などの分野では、極限環
　　　　　　　　　　　　　　　　　　　　　　　　　　　　　　　④
境でのロボットの研究開発に力を入れている。（　　）そのようなロボットは数が少ない
　　　　　　　　　　　　　　　　　　　　　　⑤
ため、特殊な機械となってしまう危険性がある。

# 解答

## STEP 1　解答例

p.15　第1課　時間ドロボー
あまり見るつもりがなくても、つい見続けてしまい、時間を無駄にしてしまうから。

p.16　第2課　トイレ
フランス、ギリシャ、トルコ、ブルガリア、チェコ。

p.17　第3課　「はい」「いいえ」
「はい」の意味で、首を横に振る人と、縦に振る人がいること。

p.18　第4課　日本茶
ある米国人が筆者に、喫茶店で日本茶が注文できない理由を追及した。

p.19　第5課　初月給
息子。

p.20　第6課　咀嚼力
日米関係における日本政府の外交力の弱さ。

p.21　第7課　壊れたと壊したは違う
筆者が筆立てを「壊した」という事実をはっきり伝えずに、「壊れた」と言ったから。

p.22　第8課　シルバーシートに座ろう
お年寄りが乗ってきたら、すぐ席を譲れるように、真っ先に自分が座っておくこと。

p.23　第9課　夫と息子のドブ掃除
1万円もらいたかったから。

p.24　第10課　ストレスに弱い男
男性の場合は、心理的不安をやわらげたり、血管の弾力を強めたりするホルモンが分泌されないから。

## STEP 2　問題の解答

### 第1課　あいまいな言葉

p.29　**内容の問題**
Ⅰ　2　4　5　6
Ⅱ　2
Ⅲ　3　5

p.30　**言葉の問題**
Ⅰ　①e　②c　③d　④b　⑤a
Ⅱ　1励ます　2得よう　3発揮する　4説いた　5誓って／誓い
Ⅲ　1e　2c　3a　4d　5b

### 第2課　働くことが丸ごとの人生

p.33　**内容の問題**
Ⅰ　1　3　5　6

Ⅱ　①遊び　②労働　③遊んで　④働く　⑤働く　⑥遊んで　⑦働く　⑧働けば働く
　　　　　⑨働く

p.34　**言葉の問題**
　　　Ⅰ　①e　②d　③b　④a　⑤c
　　　Ⅱ　1家計　2たとえ　3コツ　4価値観　5丸ごと
　　　Ⅲ　1e　2c　3a　4b　5d

### 第3課　サービスのコスト

p.37　**内容の問題**
　　　Ⅰ　1　3　5
　　　Ⅱ　1有料に　2指定席の人にだけ　3車掌が席まで行く　4緊急の時だけにする
　　　Ⅲ　2

p.38　**言葉の問題**
　　　Ⅰ　①e　②d　③b　④c　⑤a
　　　Ⅱ　1プラス　2コスト　3中断　4改善　5徹底
　　　Ⅲ　1出され(て)　2次いで　3変わる　4つく　5過ぎ(て)

### 第4課　単身赴任は肥る

p.42　**内容の問題**
　　　Ⅰ　3　5　6　7
　　　Ⅱ　1　5　6
　　　Ⅲ　3

p.43　**言葉の問題**
　　　Ⅰ　①c　②d　③b　④a　⑤e
　　　Ⅱ　1鍛えて　2あふれて　3こめて　4伴う　5溜まった
　　　Ⅲ　1c　2a　3b　4e　5d　6b　7a

### 第5課　先送りされる「結婚」

p.47　**内容の問題**
　　　Ⅰ　1　4
　　　Ⅱ　2
　　　Ⅲ　2
　　　Ⅳ　3

p.48　**言葉の問題**
　　　Ⅰ　①d　②a　③e　④c　⑤b
　　　Ⅱ　1的確　2不思議　3寛大　4神経質　5聡明
　　　Ⅲ　1e　2d　3a　4c　5b

### 第6課　言い損ない

p.52　**内容の問題**
　　　Ⅰ　1　3　5　6
　　　Ⅱ　1英語　2準備した　3poor　4二階、一階　5下手だ

　　　　　6 言うつもりではなかった　7 純粋だ
　　Ⅲ　4

p.53　**言葉の問題**
　　Ⅰ　①c　②d　③b　④a　⑤e
　　Ⅱ　1 上がって　2 生かす／生かせる　3 催されて　4 ひっかかって　5 意図した
　　Ⅲ　1 かかった　2 こなす　3 損なって　4 出した　5 切って

# 第7課　「夫婦ゲンカはイヌも食わない」はウソ？ホント？

p.56　**内容の問題**
　　Ⅰ　1　3
　　Ⅱ　4
　　Ⅲ　1 c　2 b　3 d　4 a

p.57　**言葉の問題**
　　Ⅰ　①c　②b　③a　④e　⑤d
　　Ⅱ　1 卑怯　2 派手　3 無関心　4 有利　5 敏感
　　Ⅲ　1 a　2 d　3 e　4 b　5 c

# 第8課　電車内、まなざしの行方

p.60　**内容の問題**
　　Ⅰ　1　2　5
　　Ⅱ　1 d　2 c　3 a　4 b
　　Ⅲ　1

p.61　**言葉の問題**
　　Ⅰ　①e　②d　③a　④c　⑤b
　　Ⅱ　1 ふけって　2 だいて　3 みつめて　4 ふれて　5 くつろぐ／くつろいでいる
　　Ⅲ　1 e　2 d　3 a　4 c　5 b

# 第9課　吹き替え？字幕？

p.64　**内容の問題**
　　Ⅰ　1 字幕　2 吹き替え　3 字幕　4 吹き替え　5 字幕　6 吹き替え　7 吹き替え
　　　　8 字幕
　　Ⅱ　4
　　Ⅲ　2

p.65　**言葉の問題**
　　Ⅰ　①d　②a　③b　④c　⑤e
　　Ⅱ　1 アクション　2 オリジナル　3 イメージ　4 シーン　5 ヒット
　　Ⅲ　1 c　2 d　3 e　4 b　5 a

# 第10課　神社

p.69　**内容の問題**
　　Ⅰ　1　2　6

133

Ⅱ　(1) ①夫　②妻　③夫　④妻　⑤入れた　⑥妻
　　(2) ①友達　②友達　③筆者　④筆者　⑤友達　⑥友達　⑦友達
Ⅲ　4

p.70 **言葉の問題**
Ⅰ　①c　②e　③b　④d　⑤a
Ⅱ　1切羽つまって　2責め　3もめて　4けちって　5ひるんだ
Ⅲ　1d　2e　3a　4c　5b

## 第11課　パニック

p.74 **内容の問題**
Ⅰ　1　2　5
Ⅱ　1全焼　2すぐ　3 164人　4した　5ボヤ　6たいしたことはない、安心して　7大惨事になった
Ⅲ　①危険　②方法　③情報　④リスク　⑤回避

p.75 **言葉の問題**
Ⅰ　①b　②d　③a　④e　⑤c
Ⅱ　1脱出　2出演　3提供　4収容　5対応
Ⅲ　1c　2d　3a　4b　5e

## 第12課　午後の仮眠

p.79 **内容の問題**
Ⅰ　1ビルのあちこちで　2すっきりする　3午後2時　4北半球　5眠気をさます
Ⅱ　1　3　5
Ⅲ　5

p.80 **言葉の問題**
Ⅰ　①b　②c　③e　④d　⑤a
Ⅱ　1空間　2水準　3過程　4意欲　5風潮
Ⅲ　1（が）b　2（が）e　3（に）d　4（が）c　5（を）a

## 第13課　気の利くエレベーター

p.83 **内容の問題**
Ⅰ　2　3　5
Ⅱ　1 30秒　2 1分　3 30秒、25秒　4 重役
Ⅲ　4

p.84 **言葉の問題**
Ⅰ　①c　②a　③d　④b
Ⅱ　1拍車がかかって　2口をそろえて　3胸を張って　4気が利く
Ⅲ　1e　2a　3g　4d　5c　6f

## 第14課　雑木林のなかで

p.87 **内容の問題**
Ⅰ　1　4　6

Ⅱ　1とても日本的だった　2楽しかった　3心地よかった　4何カ所か　5中
　　6集落の人　7西洋人　8自然の破壊　9利己主義
　　10さらに荒らされているかもしれない
Ⅲ　4

## p.88　言葉の問題
Ⅰ　①d　②b　③e　④a　⑤c
Ⅱ　1保つ　2染まって／染まり　3病む／病んでいる　4荒らされて　5しぼって
Ⅲ　1並ぶ　2つめられた　3寄せた　4きれない

## 第15課　便利な道具
## p.92　内容の問題
Ⅰ　2　6
Ⅱ　①筆者　②スタンド　③筆者の夫　④筆者　⑤スタンド　⑥筆者の夫
Ⅲ　①つく　②消そう　③消えない　④消えた　⑤壊れた　⑥消える　⑦壊れて
　　⑧つく　⑨消え　⑩つき　⑪消えた

## p.94　言葉の問題
Ⅰ　①e　②a　③b　④d　⑤c
Ⅱ　1乾燥する　2選択して　3作動して　4点滅し　5重宝して
Ⅲ　1（が）b　2（が）e　3（を）d　4（に）a　5（に）c

# STEP 3　問題の解答
## 第1課　物のこころ
## p.100　内容の問題
Ⅰ　1　3　4　7　8　10
Ⅱ　2
Ⅲ　1A　2B　3A　4B　5A　6B　7B
Ⅳ　3

## p.102　言葉の問題
Ⅰ　①b　②e　③c　④a　⑤d
Ⅱ　1ほほえましく　2あわれな　3明らかに　4いとおしい　5涙ぐましい
Ⅲ　①d　②a　③b　④e　⑤c

## 第2課　店員の応対
## p.107　内容の問題
Ⅰ　2　4　5　7　8
Ⅱ　1幸せな　2社会的な関心　3欲望がさらに大きくなり、満足できない
　　4何を手に入れても満たされない　5臆病、安全な　6相手を思いやることも必要だ
Ⅲ　4　7　8
Ⅳ　4

p.109 **言葉の問題**
  Ⅰ ①c ②e ③b ④a ⑤d
  Ⅱ 1臆病　2怠惰　3ひ弱　4過剰　5損
  Ⅲ 1増やす　2売れる　3上げる　4つけて　5向ける

**第3課　さかさまのカレンダー**

p.115 **内容の問題**
  Ⅰ 1今年　2変わった　3 12月31日　4一人で住むアパート　5きのう　6前の日　7それまで住んでいたわが家　8「彼女」と旅行する　9追い出された　10妻　11「彼女」
  Ⅱ 4
  Ⅲ 2

p.116 **言葉の問題**
  Ⅰ ①b ②e ③c ④a ⑤d
  Ⅱ 1ふと　2まさか　3一見　4やけに　5わざと
  Ⅲ 1e　2a　3f　4d　5c／b　6b

**第4課　100億頭のゾウ**

p.120 **内容の問題**
  Ⅰ 1　3　4　6
  Ⅱ 1 1万　2 1000万　3 2000　4 100億　5 1億数千万　6 100
  Ⅲ 2
  Ⅳ 3
  Ⅴ 4

p.122 **言葉の問題**
  Ⅰ ①b ②e ③a ④d ⑤c
  Ⅱ 1繁栄　2維持　3匹敵　4運営　5推測
  Ⅲ 1d　2a　3c　4b　5e　6f

**第5課　人間とロボットの共生**

p.127 **内容の問題**
  Ⅰ 1　4　7
  Ⅱ 1人間とロボット　2タンクに亀裂が入っている　3人間、ロボット、ロボット　4ロボットが高齢者
  Ⅲ 2
  Ⅳ 1　4　6

p.129 **言葉の問題**
  Ⅰ ①c ②e ③a ④b ⑤d
  Ⅱ 1プロジェクト　2エントリー　3クリア　4システム　5コンテスト
  Ⅲ ①a ②c ③b ④e ⑤d

# 語彙リスト

## STEP 1 　　　　　　　　　　よみ　　　　　　　　英訳

### 第1課　時間ドロボー （p.15）　　　　　　　　　　Chapter 1　Time Thief

| | | |
|---|---|---|
| つい | | find oneself 〜ing |
| なんだか | | somewhat |
| ぼーっと | | absent-mindedly, blankly |
| もの足りない | ものたりない | not satisfying |
| コントローラー | | remote control |
| パッパッパッ | | one after another |
| 画面 | がめん | TV screen |
| 中毒 | ちゅうどく | addiction |
| 視聴者 | しちょうしゃ | TV viewers |
| 惹きつける | ひきつける | lure |
| 交わす | かわす | have (a conversation) |
| アホ | | dummy, idiot |
| ギャグ | | joke, gag |
| クロスワードパズル | | crossword puzzle |
| 開け放つ | あけはなつ | throw open |
| 隣家 | りんか | neighbor's house |

### 第2課　トイレ （p.16）　　　　　　　　　　Chapter 2　Toilets

| | | |
|---|---|---|
| 都 | みやこ | capital |
| カフェ | | cafe |
| 白衣 | はくい | white uniform |
| 年配 | ねんぱい | elderly |
| 腹立たしい | はらだたしい | aggravating |
| 北ギリシャ | きたギリシャ | northern Greece |
| カバラ | | Kavala |
| バスターミナル | | bus terminal |
| 始末 | しまつ | situation, state |
| トルコ | | Turkey |
| イスタンブール | | Istanbul |
| ブルガリア | | Bulgaria |
| ソフィア | | Sofia |
| 居座る | いすわる | sit |
| チェコ | | Czech Republic |
| プラハ | | Prague |
| 口論 | こうろん | argument |
| モロッコ | | Morocco |
| バリ島 | バリとう | Bali |
| おけ | | bucket |
| 監視人 | かんしにん | custodian |
| 心ゆくまで | こころゆくまで | to your heart's content |
| まし | | not so bad |

## 第3課 「はい」「いいえ」 (p.17) / Chapter 3　Yes, No

|  |  |  |
|---|---|---|
| 構える | かまえる | get ready |
| 強弁する | きょうべんする | argue, insist |
| 身ぶり | みぶり | gesture, body language |
| 手がかり | てがかり | clue |
| 元来 | がんらい | originally |
| 欧州 | おうしゅう | Europe |
| 取材 | しゅざい | investigative reporting |
| 市場経済 | しじょうけいざい | market economy |
| ひずみ |  | strain |
| 一因 | いちいん | cause |
| 説得力 | せっとくりょく | persuasiveness, convincingness |

## 第4課 日本茶 (p.18) / Chapter 4　Japanese Tea

|  |  |  |
|---|---|---|
| 米国人 | べいこくじん | American |
| 本格派 | ほんかくは | purist |
| 当然 | とうぜん | naturally |
| 欠かせない | かかせない | indispensable |
| コスト |  | cost |
| 原価 | げんか | purchase price |
| 倫理規定 | りんりきてい | code of ethics |
| 追及 | ついきゅう | search (for the reason) |

## 第5課 初月給 (p.19) / Chapter 5　First Paycheck

|  |  |  |
|---|---|---|
| 封 | ふう | seal |
| 奉職する | ほうしょくする | enter government service |
| 戸惑う | とまどう | be at a loss |
| 仏壇 | ぶつだん | family Buddhist altar |
| 供える | そなえる | offer |
| うたた寝 | うたたね | dozing off |
| 内心 | ないしん | inwardly |
| いわく |  | according to |
| 上司 | じょうし | boss, superior |
| 鬼か蛇 | おにかじゃ | fiend (literally, demon or snake) |

## 第6課 咀嚼力 (p.20) / Chapter 6　Chewing Ability

|  |  |  |
|---|---|---|
| 米国 | べいこく | America |
| 助言 | じょげん | advice |
| 実は | じつは | actually |
| （パンの）耳 | みみ | crust |
| 兄貴分 | あにきぶん | large version (literally, big brother) |
| 主流 | しゅりゅう | mainstream |
| 歯が立たない | はがたたない | too hard |
| 粉砕する | ふんさいする | crush |
| アゴ |  | jaw |
| 屋台 | やたい | stall, stand |
| お化け | おばけ | giant |

| | | |
|---|---|---|
| リング状 | リングじょう | ring shape |
| 米飯 | べいはん | rice |
| つまむ | | eat |
| 脳 | のう | brain |
| 頑丈 | がんじょう | sturdy, solid |
| ガブリ | | chomp down on |
| 迫力 | はくりょく | power |

## 第7課　壊れたと壊したは違う （p.21）

## Chapter 7　"It Broke" Is Different from "I Broke It"

| | | |
|---|---|---|
| 筆立て | ふでたて | pen stand |
| 語気 | ごき | tone |
| オズオズと | | timidly |
| 平手 | ひらて | palm |
| 張り飛ばす | はりとばす | send flying |
| あお向けに | あおむけに | (lying) face up |
| 転倒する | てんとうする | flip over |
| 呆然と | ほうぜんと | stunned |
| 青筋をたてる | あおすじをたてる | veins stand out |
| パカッと | | snap |
| とてつもなく | | unreasonably |
| 威圧的な | いあつてきな | highhanded |
| ヒクつかせる | | sob |
| つきつける | | thrust into |
| 嗚咽 | おえつ | sob |
| 明治 | めいじ | Meiji Period (1868–1912) |
| 保険会社 | ほけんがいしゃ | insurance company |
| ありふれた | | ordinary |
| もろに | | squarely, fully |
| 媚びる | こびる | fawn over |
| 手かげんする | てかげんする | make allowances for |

## 第8課　シルバーシートに座ろう （p.22）

## Chapter 8　Let's Sit in the Seats Reserved for the Aged and Handicapped!

| | | |
|---|---|---|
| シルバーシート | | seats reserved for the aged and handicapped |
| われ先に | われさきに | "me first" |
| 発足する | ほっそくする | be inaugurated |
| 確保する | かくほする | secure |
| かねて | | for a long time |
| 優先席 | ゆうせんせき | seats reserved for the handicapped and the elderly |
| 占拠する | せんきょする | occupy |
| その都度 | そのつど | each time |
| 気まずさ | きまずさ | awkwardness |
| 対抗策 | たいこうさく | countermeasure |
| 旗揚げ | はたあげ | rising up (literally, "raising the banner") |
| 後押しする | あとおしする | push from behind |

| | | |
|---|---|---|
| 日ごろ | ひごろ | every day, usually |
| うっぷん | | bitterness, resentment |
| 〜症候群 | 〜しょうこうぐん | syndrome |
| 妊娠中 | にんしんちゅう | pregnant |
| 割り込む | わりこむ | cut in, push in |
| 目撃談 | もくげきだん | eyewitness story |
| わざわざ | | taking the trouble to |

## 第9課　夫と息子のドブ掃除　(p.23) / Chapter 9　My Husband and Son's Gutter-Cleaning Experience

| | | |
|---|---|---|
| ドブ | | gutter, ditch |
| 昨今 | さっこん | these days |
| 側溝 | そっこう | side gutter |
| バール | | bar |
| 汚泥 | おでい | sludge |
| 敬称 | けいしょう | honorific title |
| 出世払い | しゅっせばらい | paying back money to a person if one becomes successful |
| 音をあげる | ねをあげる | give up |
| 連発する | れんぱつする | say repeatedly |
| 湿布薬 | しっぷやく | medicinal compress |
| すり込む | すりこむ | rub on |
| 登下校 | とうげこう | going to school and back |
| こなす | | able to manage (going) |
| 一夜づけ | いちやづけ | cramming (before an examination) |
| 取りかかる | とりかかる | set to (work) |
| 小言 | こごと | scolding, rebuke |
| 噴き出す | ふきだす | burst out |

## 第10課　ストレスに弱い男　(p.24) / Chapter 10　Men Are Vulnerable to Stress

| | | |
|---|---|---|
| ストレス | | stress |
| 連れ立つ | つれだつ | go together |
| リュックサック | | backpack |
| 伴侶 | はんりょ | spouse |
| 老境 | ろうきょう | old age |
| 顕著に | けんちょに | strikingly, conspicuously |
| はつらつとした | | active, energetic |
| 女性陣 | じょせいじん | women |
| かつて | | once, formerly |
| 反応 | はんのう | reaction |
| 託す | たくす | use, do through the aid of |
| 体格 | たいかく | physique |
| オス | | male |
| メス | | female |
| 内視鏡 | ないしきょう | endoscope |
| 胃壁 | いへき | stomach wall |

| | | |
|---|---|---|
| 胃潰瘍 | いかいよう | stomach ulcer |
| 前兆 | ぜんちょう | premonitory symptom |
| 黄体ホルモン | おうたいホルモン | progesterone |
| 卵胞ホルモン | らんほうホルモン | estrogen |
| 分泌する | ぶんぴつする | secrete |
| 血管 | けっかん | blood vessel |
| 弾力 | だんりょく | elasticity |
| 諸君 | しょくん | gentlemen |
| 自覚する | じかくする | become aware |
| 解消 | かいしょう | relief |
| 奴 | やつ | jerk |
| 増幅する | ぞうふくする | increase, amplify |

# STEP 2　　　よみ　　　英訳

## 第1課　あいまいな言葉 (p.28)　　　Chapter 1　Vague Language

| | | |
|---|---|---|
| あいまいな | | vague |
| 年頭 | ねんとう | beginning of the year |
| 一節 | いっせつ | few words |
| **プレッシャー** | | **pressure** |
| はかばかしい | | satisfactory |
| 諸君 | しょくん | ladies and gentlemen |
| 趣旨 | しゅし | gist |
| 闘病 | とうびょう | battling an illness |
| エンジョイする | | enjoy |
| 説く | とく | explain |
| 宣誓 | せんせい | oath |
| こぶし | | fist |
| 体験 | たいけん | experience |
| 裏 | うら | background |
| イコール | | equals |
| **励ます** | **はげます** | **encourage** |
| せかせかした | | fidgety |
| **無神経** | **むしんけい** | **callous, unfeeling** |
| **残酷な** | **ざんこくな** | **cruel** |

## 第2課　働くことが丸ごとの人生 (p.32)　　　Chapter 2　Working Is One's Whole Life

| | | |
|---|---|---|
| 丸ごと | まるごと | whole |
| アリ | | ant |
| キリギリス | | grasshopper |
| たとえ | | allegory |
| 汗水たらす | あせみずたらす | sweat |
| **辛抱する** | **しんぼうする** | **endure** |
| **価値観** | **かちかん** | **sense of values** |

| | | |
|---|---|---|
| こめる | | imply |
| フル開店 | フルかいてん | open 24 hours |
| 携帯電話 | けいたいでんわ | cellular phone |
| 惜しむ | おしむ | begrudge |
| 耐える | たえる | bear, endure |
| **自己表現** | **じこひょうげん** | **self-expression** |
| 心境 | しんきょう | state of mind |
| 家計 | かけい | family budget |
| はしたない | | disgraceful |
| 修行 | しゅぎょう | ascetic training |
| 境地 | きょうち | state of mind |
| コツ | | key, knack |
| むろん | | of course |
| 画面 | がめん | TV screen |
| 扶養家族 | ふようかぞく | dependents |
| 高進する | こうしんする | increase, accelerate |

## 第3課　サービスのコスト　(p.36) — Chapter 3　The Cost of Service

| | | |
|---|---|---|
| コスト | | cost |
| 夢うつつ | ゆめうつつ | half dreaming |
| **くつろぐ** | | **relax** |
| 拘束する | こうそくする | restrict |
| 空間 | くうかん | space |
| 最寄り | もより | nearest |
| ハッと | | startled |
| ゆったりとする | | relax, feel comfortable |
| 中断する | ちゅうだんする | interrupt |
| **腹立たしい** | **はらだたしい** | **irritating, annoying** |
| 危篤 | きとく | critical condition |
| **緊急** | **きんきゅう** | **emergency** |
| 携帯電話 | けいたいでんわ | cellular phone |
| デッキ | | vestibule |
| 徹底する | てっていする | enforce without exception |
| **取り次ぎ** | **とりつぎ** | **relaying (a phone call)** |
| 相応 | そうおう | suitable, proportionate |
| ルール | | rule |
| あらかじめ | | beforehand |
| 几帳面さ | きちょうめんさ | meticulousness |
| 及びもつかぬ | およびもつかぬ | can't even be compared with |
| 発生 | はっせい | occurence |
| 行き過ぎる | いきすぎる | go too far |
| 強いる | しいる | impose |
| 心する | こころする | guard against |

## 第4課　単身赴任は肥る　(p.40) — Chapter 4　Living and Working Away from One's Family is Fattening

| | | |
|---|---|---|
| 単身赴任 | たんしんふにん | living and working away from one's family |

| | | |
|---|---|---|
| ウロ覚え | ウロおぼえ | dim memory |
| 小冊子 | しょうさっし | pamphlet, booklet |
| こめる | | include |
| 好〜 | こう〜 | good |
| **自己** | **じこ** | **self** |
| 鍛える | きたえる | discipline, train |
| おちいる | | lapse into |
| 駆り立てる | かりたてる | drive to |
| 襲う | おそう | overcome |
| かきこむ | | gobble down |
| 肥満 | ひまん | obesity |
| コレステロール | | cholesterol |
| **ダイエット** | | **diet** |
| 到来 | とうらい | arrival, advent |
| 干物 | ひもの | dried fish |
| 定食 | ていしょく | set meal, course |
| 自炊する | じすいする | cook one's own meals |
| がっくりくる | | become discouraged |
| ストレス | | stress |
| いかにも | | indeed, very |
| つきまとう | | be haunted by |
| 情緒 | じょうちょ | sentiment, emotion |
| 伴う | ともなう | accompany |
| ガイドライン | | guideline |
| 枕元 | まくらもと | at one's bedside |
| 手もと | てもと | close at hand |
| 繊細さ | せんさいさ | delicateness, fragility |
| 絶好の | ぜっこうの | ideal |
| 浮気 | うわき | affair |

## 第5課 先送りされる「結婚」（p.45）　　Chapter 5　Delaying Marriage

| | | |
|---|---|---|
| 繁華街 | はんかがい | bustling street |
| **手相** | **てそう** | **lines in one's palms** |
| 営む | いとなむ | engage in |
| 総合線 | そうごうせん | general line |
| データ | | data |
| **運命** | **うんめい** | **fate** |
| 手のひら | てのひら | palm |
| 見料 | けんりょう | fee |
| おみくじ | | written fortune |
| 聡明 | そうめい | judicious |
| 理論的 | りろんてき | theoretical |
| 思考力 | しこうりょく | thinking ability |
| レイリ（怜悧） | れいり | sensible, intelligent |
| 寛大さ | かんだいさ | generosity, largeheartedness |
| **鑑定** | **かんてい** | **analysis** |
| 〜とおぼしき | | seem to be |

143

| | | |
|---|---|---|
| 口上 | こうじょう | rhetoric |
| 露店商 | ろてんしょう | street stalls |
| 親分 | おやぶん | boss |
| ノウハウ | | know-how |
| 切り出す | きりだす | take up the subject |
| 勝負どころ | しょうぶどころ | winning point |
| **願望** | **がんぼう** | **desire** |
| 同居する | どうきょする | live together |
| 占師 | うらないし | fortune teller |
| **少子化** | **しょうしか** | **decrease in the number of children** |
| 当方 | とうほう | we |
| 当分 | とうぶん | for the time being |

## 第6課　言い損ない（p.50）　　Chapter 6　Slip of the Tongue

| | | |
|---|---|---|
| 言い損ない | いいそこない | slip of the tongue |
| 催す | もよおす | hold |
| 首っぴき | くびっぴき | constantly referring to |
| 出だし | でだし | beginning |
| しくじる | | fail |
| プア | | poor |
| お耳を拝借する | おみみをはいしゃくする | literally, borrow (one's ears), have one listen |
| 生かす | いかす | make use of |
| ピュア | | pure |
| 上がる | あがる | get nervous |
| こちこちになる | | stiff, in knots |
| 発語する | はつごする | utter |
| 常用する | じょうようする | always use |
| まじりっ気がない | まじりっけがない | unadulterated |
| 見得を切る | みえをきる | speak boastfully |
| **訛る** | **なまる** | **speak with an accent** |
| 意図する | いとする | intend |
| 車内検札 | しゃないけんさつ | checking of tickets inside a train |
| 車両 | しゃりょう | (train) car |
| 車内乗務 | しゃないじょうむ | train duty |
| 出っ食わす（出食わす） | でっくわす（でくわす） | encounter |
| **使いこなす** | **つかいこなす** | **have a command of** |
| 強張る | こわばる | freeze up |
| 襲いかかる | おそいかかる | assault, attack |

## 第7課　「夫婦ゲンカはイヌも食わない」はウソ・ホント？（p.55）　　Chapter 7　Even Dogs Don't Bother with Couple's Spats–Or Do They?

| | | |
|---|---|---|
| そもそも | | in the first place |
| わざわざ | | take the trouble to |
| **仲裁** | **ちゅうさい** | **mediation, intervention** |
| たとえ | | proverb |
| やり合う | やりあう | have a quarrel |
| とばっちり | | backlash |

| | | |
|---|---|---|
| 当の | とうの | those (people) themselves |
| ケロッとする | | act as if nothing had happened |
| 飼い主 | かいぬし | owner |
| なんらか | | some, any |
| **反応** | **はんのう** | **reaction** |
| 敏感 | びんかん | sensitivity |
| 配偶者 | はいぐうしゃ | spouse |
| 獣医師 | じゅういし | veterinarian |
| 著書 | ちょしょ | book, work |
| 介入 | かいにゅう | intervention |
| 常日頃 | つねひごろ | usually |
| 問う | とう | question |
| 俺 | おれ | me |
| ショック | | shock |
| 加担する | かたんする | assist |
| 手を出す | てをだす | get involved |
| 見極める | みきわめる | ascertain |
| おもむろに | | gradually |
| 参戦する | さんせんする | enter the fray |
| 行為 | こうい | behavior, action |
| 序列 | じょれつ | ranking, hierarchy |
| きわめて | | very |
| あおる | | inflame |
| 興奮する | こうふんする | become excited, become upset |
| 危機感 | ききかん | sense of crisis |

## 第8課　電車内、まなざしの行方　(p.59)　　Chapter 8　How People Gaze on the Train

| | | |
|---|---|---|
| まなざし | | gaze, look |
| **視線** | **しせん** | **line of vision** |
| **気づまりな** | **きづまりな** | **feel uncomfortable with** |
| くつろぐ | | relax |
| ふける | | be absorbed in |
| 当然 | とうぜん | naturally |
| つむる | | close (one's eyes) |
| みわける | | differentiate |
| 表示する | ひょうじする | indicate |
| あいづちをうつ | | be vocally attentive |
| ふりをする | | pretend |
| **タヌキねいり** | | **pretending to be asleep** |
| かたときも | | for even a moment |
| いじくる | | fool with |
| でくわす | | encounter |
| 多義的 | たぎてき | equivocal |
| 対面する | たいめんする | meet |
| うつろな | | vacant |
| 中空 | ちゅうくう | midair |

| | | |
|---|---|---|
| 不躾 | ぶしつけ | ill-mannered, cheeky |
| あけすけな | | unreserved |

## 第9課　吹き替え？字幕？　(p.63) — Chapter 9　Dubbing? Subtitles?

| | | |
|---|---|---|
| 吹き替え | ふきかえ | **dubbing** |
| 字幕 | じまく | **subtitle, caption** |
| ストーリー | | story, plot |
| わくわくする | | **be excited** |
| 浸る | ひたる | become immersed in |
| レンタルビデオ | | rental video |
| 大ヒットする | だいヒットする | become a big hit |
| コメディー | | comedy |
| 吹き替え版 | ふきかえばん | dubbed version |
| なまり | | accent |
| だじゃれ | | play on words |
| 3割 | 3わり | thirty percent |
| 肝心 | かんじん | main |
| アクション | | action |
| 画面 | がめん | screen |
| 気の利いた | きのきいた | clever |
| 言い回し | いいまわし | wording, expression |
| 味気ない | あじけない | boring, dull |
| 原語 | げんご | **original language** |
| 制約 | せいやく | restriction |
| シーン | | scene |
| 放映する | ほうえいする | broadcast |
| オリジナル | | original |
| 暗殺する | あんさつする | assassinate |
| ニュアンス | | **nuance** |
| ワンシーン | | one scene |

## 第10課　神社　(p.67) — Chapter 10　Shrines

| | | |
|---|---|---|
| 閑散とする | かんさんとする | deserted |
| 境内 | けいだい | shrine precincts |
| お世辞 | おせじ | flattery, compliments |
| カラス | | crow |
| カアカアと | | caw, caw |
| がなりたてる | | make a racket |
| シュールな | | surreal, surrealistic |
| ピーク | | peak |
| 思いあたる | おもいあたる | dawn on one |
| 〜とおぼしき | | appear to be |
| 賽銭箱 | さいせんばこ | offertory box |
| もめる | | argue, disagree |
| けちる | | be stingy |
| 真顔 | まがお | grave look on his face |
| 切羽つまる | せっぱつまる | **be desperate** |

| 気迫 | きはく | determination, vehemence |
| ひるむ | | shrink back |
| 渋る | しぶる | begrudge, be reluctant |
| ぶつぶつと | | mutter, grumble |
| 唱える | となえる | repeat |
| 傍 | はた | on the side |
| 気合いを入れて | きあいをいれて | with one's whole heart |
| 人気がない | ひとけがない | deserted |
| 力まかせに | ちからまかせに | with all one's might |
| ばんばんと | | smack, clap |
| 柏手を打つ | かしわでをうつ | clap one's hands (at a shrine) |
| **神経質** | **しんけいしつ** | **nervous** |
| おろおろする | | be shaken, be flustered |
| 当人 | とうにん | person in question |
| 使い込む | つかいこむ | misappropriate |
| 大騒動 | おおそうどう | big commotion |
| 間抜けな | まぬけな | idiotic |
| 負担 | ふたん | burden |
| 励ます | はげます | encourage |
| 断念する | だんねんする | give up |
| 一同 | いちどう | all |
| 何気ない | なにげない | nonchalant |
| 鬱憤を晴らす | うっぷんをはらす | vent one's anger or resentment |
| 再認識する | さいにんしきする | reaffirm |

## 第11課　パニック (p.72) / Chapter 11　Panic

| パニック | | panic |
| **自己防衛** | **じこぼうえい** | **self-protection** |
| 自己破壊 | じこはかい | self-destruction |
| もたらす | | cause |
| 発生する | はっせいする | occur |
| 脅かす | おびやかす | threaten |
| とらわれる | | be seized with |
| **脱出する** | **だっしゅつする** | **escape** |
| 海面下 | かいめんか | under the sea's surface |
| 航行中 | こうこうちゅう | during the voyage |
| 潜水艦 | せんすいかん | submarine |
| 乗組員 | のりくみいん | crew |
| いかに | | no matter how much |
| あがく | | struggle |
| 遭遇する | そうぐうする | meet with |
| 緊急着陸 | きんきゅうちゃくりく | emergency landing |
| あわてふためく | | panic, be agitated |
| 天体 | てんたい | heavenly body |
| 救命ロケット | きゅうめいロケット | escape rocket |
| 収容する | しゅうようする | accomodate |
| 壮絶な | そうぜつな | life-and-death |

| | | |
|---|---|---|
| 恐れ | おそれ | fear |
| **災害時** | **さいがいじ** | **time of disaster** |
| 要件 | ようけん | essential conditions |
| **回避** | **かいひ** | **avoidance** |
| 提供 | ていきょう | provision |
| **対応** | **たいおう** | **response** |
| **リスク・コミュニケーション** | | **risk communication** |
| 図る | はかる | plan |
| 全米一 | ぜんべいいち | best in the U.S. |
| サパークラブ | | supper club |
| 告げる | つげる | inform |
| 突如 | とつじょ | all at once |
| 殺到する | さっとうする | rush |
| 陥る | おちいる | lapse into, fall into |
| 従業員 | じゅうぎょういん | employee |
| ステージ | | stage |
| 出演中 | しゅつえんちゅう | during the performance |
| コメディアン | | comedian |
| ボヤ | | small fire |
| 受け止める | うけとめる | deal with, respond to |
| 火災史上 | かさいしじょう | history of fires |
| 大惨事 | だいさんじ | terrible tragedy |
| 迅速に | じんそくに | swiftly |
| **危機** | **きき** | **crisis** |
| 措置 | そち | measures |
| タイミング | | timing |
| 講じる | こうじる | take (measures) |
| 恐怖症 | きょうふしょう | phobia |

### 第12課　午後の仮眠 (p.77) — Chapter 12　Afternoon Catnap

| | | |
|---|---|---|
| 仮眠 | かみん | catnap |
| うとうとする | | doze off |
| 照明を落とす | しょうめいをおとす | dim the lighting |
| うつぶす | | face down |
| 数脚 | すうきゃく | several chairs |
| 部門 | ぶもん | department |
| 入居する | にゅうきょする | occupy |
| **リフレッシュコーナー** | | **refreshment corner** |
| 占拠する | せんきょする | occupy |
| 頭がさえる | あたまがさえる | become clear-headed |
| 創造力 | そうぞうりょく | creativity |
| 部署 | ぶしょ | position |
| **気分転換** | **きぶんてんかん** | **change of pace** |
| スペース | | space |
| 設置する | せっちする | provide, install |
| 時間帯 | じかんたい | time frame |
| とがめる | | rebuke |

| | | |
|---|---|---|
| 風潮 | ふうちょう | mood, trend |
| 空間 | くうかん | space |
| 設ける | もうける | provide |
| 向上 | こうじょう | improvement |
| 推進協議会 | すいしんきょうぎかい | promotion conference |
| 成果 | せいか | results |
| **昼下がり** | **ひるさがり** | **early in the afternoon** |
| 気の緩み | きのゆるみ | carelessness |
| 周期 | しゅうき | cycle |
| ピーク | | peak |
| 覚醒水準 | かくせいすいじゅん | level of alertness or awakeness |
| **意欲** | **いよく** | **will, motivation** |
| 提唱する | ていしょうする | advocate, propose |
| 群 | ぐん | group |
| **疲労感** | **ひろうかん** | **feeling of exhaustion** |
| **抑止する** | **よくしする** | **deter** |
| 指摘する | してきする | point out |
| 北半球 | きたはんきゅう | northern hemisphere |
| 先進諸国 | せんしんしょこく | advanced countries |
| タブー視する | タブーしする | viewed as taboo |
| 対処法 | たいしょほう | method for dealing with something, measure |
| カフェイン | | caffeine |
| 緑茶 | りょくちゃ | green tea |
| 勤勉 | きんべん | diligence |
| 怠惰 | たいだ | laziness |

## 第13課　気の利くエレベーター　(p.82)　　Chapter 13　Smart Elevator

| | | |
|---|---|---|
| 気が利く | きがきく | smart |
| 開発 | かいはつ | development |
| 拍車がかかる | はくしゃがかかる | spur on, accelerate |
| **運行制御** | **うんこうせいぎょ** | **movement control** |
| 機種 | きしゅ | models, kinds |
| **効率的** | **こうりつてき** | **efficient** |
| 遺伝子工学 | いでんしこうがく | genetic engineering |
| メーカー | | maker |
| 口をそろえる | くちをそろえる | all in accord that |
| せっかち | | impatient |
| ゆるやかな | | lenient |
| 制御機 | せいぎょき | control mechanism |
| 設置する | せっちする | install |
| 素早く | すばやく | quickly |
| データ | | data |
| 一連の | いちれんの | consecutive |
| 組み換え | くみかえ | recomposition |
| 短縮 | たんしゅく | shortening |
| 優先する | ゆうせんする | give priority to |
| 設定する | せっていする | fix, set |

| | | |
|---|---|---|
| 胸を張る | むねをはる | be proud |
| **予告灯** | **よこくとう** | **indicating light** |
| 方式 | ほうしき | method |
| ともる | | light up |
| **戸惑う** | **とまどう** | **get confused** |
| 抑える | おさえる | hold down |
| 多忙な | たぼうな | busy |
| 好評 | こうひょう | favorably received |
| 競う | きそう | compete |

### 第14課　雑木林のなかで （p.86）　　Chapter 14　In a Copse

| | | |
|---|---|---|
| 雑木林 | ぞうきばやし | copse |
| 夕暮れ | ゆうぐれ | evening |
| 峰 | みね | mountain peaks |
| 連なる | つらなる | range |
| 稜線 | りょうせん | ridgeline |
| くっきりと | | clear-cut |
| 夕焼け | ゆうやけ | sunset |
| 染まる | そまる | color, dye |
| 空間 | くうかん | space |
| 濃淡 | のうたん | shade |
| 形容のない | けいようのない | no description (other than) |
| 平地林 | へいちりん | plains forest |
| 敷きつめる | しきつめる | carpet |
| 感触 | かんしょく | feel |
| 杉木立 | すぎこだち | cedar grove |
| 境内 | けいだい | enclosed premises |
| ひっそりと | | silently |
| 社 | やしろ | shrine |
| しめなわ | | sacred straw rope |
| たそがれ | | twilight |
| ゆるやかな | | gentle |
| 弧を描く | こをえがく | describe an arc |
| だいご味 | だいごみ | true charm |
| ほとり | | near |
| さらす | | expose |
| 集積 | しゅうせき | accumulation |
| 仕業 | しわざ | act |
| わらぶき屋根 | わらぶきやね | thatched roof |
| 集落 | しゅうらく | village, cluster of homes |
| 隠れ里 | かくれざと | isolated village |
| 地元 | じもと | local |
| 押し寄せる | おしよせる | encroach upon |
| 征服する | せいふくする | conquer |
| 協調 | きょうちょう | cooperation, harmony |
| 対決 | たいけつ | confrontation |
| 一変する | いっぺんする | changed overnight |

| 破壊 | はかい | destruction |
| 直結する | ちょっけつする | be directly connected |
| 根ざす | ねざす | be rooted in |
| **よそ者** | **よそもの** | **stranger** |
| 不毛な | ふもうな | useless |
| **利己主義** | **りこしゅぎ** | **selfishness, egoism** |
| 病む | やむ | suffer from |
| 荒らす | あらす | wreak havoc |
| 思いすごし | おもいすごし | groundless worry |
| たたずまい | | appearance |
| 保つ | たもつ | retain |

## 第15課　便利な道具　(p.90)　　Chapter 15　Convenient Appliances

| まして | | let alone, much less |
| ギフト | | gift |
| 〜一点張り | 〜いってんばり | persistent, persist in |
| 重宝する | ちょうほうする | find useful |
| カタログ | | catalog |
| **点滅する** | **てんめつする** | **switch on and off** |
| 黄身 | きみ | yolk |
| 用が足りる | ようがたりる | good enough, will do |
| 枕元 | まくらもと | bedside |
| 先だって | せんだって | the other day |
| ちょんと | | lightly |
| つつく | | tap |
| 闇 | やみ | darkness |
| そっぽ向く | そっぽむく | ignore |
| **作動する** | **さどうする** | **operate** |
| **キャッチする** | | **catch** |
| **仕組み** | **しくみ** | **design, mechanism** |
| 電圧 | でんあつ | voltage |
| 総身 | そうみ | whole body |
| むきになる | | get serious |
| 分際 | ぶんざい | (social) position |
| 何たる | なんたる | what ...! |
| 延長コード | えんちょうコード | extension cord |
| 〜なみに | | same as |
| いきり立つ | いきりたつ | fly into a rage |
| けろっと | | nonchalantly |
| えいっとばかり | | violently, angrily |
| 〜ためしがない | | have no experience of |
| 製造元 | せいぞうもと | manufacturer, maker |
| 今様 | いまよう | modern |
| 性に合う | しょうにあう | congenial |

# STEP 3　　　　　　　　よみ　　　　　　　英訳

## 第1課　物のこころ（p.98）　　　　　　　　　　　Chapter 1　The Heart of Things

| 日本語 | よみ | 英訳 |
|---|---|---|
| チェック | | check, plaid |
| 著名な | ちょめいな | famous, well-known |
| ブランドメーカー | | brand name |
| 購入する | こうにゅうする | purchase |
| しゃれている | | chic |
| グレイ | | grey |
| インフォーマルな | | informal |
| 衣装 | いしょう | clothing |
| 羽織る | はおる | put on over |
| カジュアル | | casual |
| **重宝** | **ちょうほう** | **useful, versatile** |
| とりわけ | | especially |
| 頻繁に | ひんぱんに | frequently |
| 取材 | しゅざい | investigative reporting |
| **傷む** | **いたむ** | **wear out** |
| 裏地 | うらじ | lining |
| ほころびる | | come apart at the seams |
| あせる | | fade |
| さんざん | | constantly |
| 旅程 | りょてい | itinerary |
| 異国 | いこく | foreign country |
| **いとおしさ** | | **soft spot in one's heart** |
| 赴く | おもむく | set out for |
| ともにする | | share (joys and sorrows) |
| 最期 | さいご | one's last moment |
| まっとうする | | die of old age |
| ボロボロ | | ragged |
| 胴まわり | どうまわり | girth |
| クローゼット | | closet |
| 極端な | きょくたんな | extreme |
| 理性 | りせい | logic, reason |
| 所持する | しょじする | have, possess |
| **ポンコツ車** | **ポンコツしゃ** | **clunker, junk heap of a car** |
| 施行する | しこうする | enforce |
| **処分する** | **しょぶんする** | **dispose of** |
| 算段がつく | さんだんがつく | have a way to raise the money |
| 廃車保険 | はいしゃほけん | disused car insurance |
| 今さら | いまさら | at this point |
| ぐち | | complaint |
| 持ち主 | もちぬし | owner |
| 断崖 | だんがい | cliff |
| やつ | | it |
| 絶つ | たつ | terminate |
| 涙ぐましい | なみだぐましい | touching, moving |

| | | |
|---|---|---|
| ほほえましい | | heartwarming |
| 情景 | じょうけい | scene |
| 原作 | げんさく | original work |
| 四半世紀 | しはんせいき | quarter of a century |
| 愛着 | あいちゃく | attachment |
| 一角 | いっかく | corner |
| さらす | | expose |
| ままならない | | beyond one's control |
| かつて | | in the past |
| もろともに | | together with |
| さする | | rub |
| 胸を弾ませる | むねをはずませる | fill with joy |
| 愛顧 | あいこ | patronage |
| 末路 | まつろ | end, last days |

## 第2課　店員の応対（p.104）　　Chapter 2　The Service of Store Clerks

| | | |
|---|---|---|
| マニュアル | | **manual** |
| 感性 | かんせい | sensitivity |
| カチンとくる | | be offended by |
| すさむ | | lacking in consideration |
| 和らぐ | やわらぐ | be softened |
| 漂う | ただよう | waft |
| リストラ | | downsizing, restructuring |
| クビになる | | get fired |
| 全力投球する | ぜんりょくとうきゅうする | give a hundred percent |
| チェーン店 | チェーンてん | chain store |
| 戦後派 | せんごは | immediate postwar generation |
| 上昇 | じょうしょう | (on the) ascendant |
| 怠惰 | たいだ | laziness |
| 欲望 | よくぼう | desire |
| 満たす | みたす | satisfy |
| 果てしない | はてしない | not realized or accomplished |
| 不感症 | ふかんしょう | insensitivity |
| 閉ざす | とざす | close, shut |
| **自己防衛** | **じこぼうえい** | **self-protection** |
| 防御態勢 | ぼうぎょたいせい | defensive stance |
| 込める | こめる | put into |
| レール | | rail, track |
| 踏み外す | ふみはずす | step off, lose one's footing |
| **臆病** | **おくびょう** | **timidity, cowardice** |
| 意欲 | いよく | will, volition |
| ひ弱な | ひよわな | delicate |
| エゴ | | ego |
| 思いやる | おもいやる | be concerned about |
| 成り立つ | なりたつ | be formed by, consist of |
| 虚構 | きょこう | fantasy, fiction |

| | | |
|---|---|---|
| おうむ返しに | おうむがえしに | in a parroting manner |
| プラスする | | add to |
| ぴゅうぴゅう吹く | ぴゅうぴゅうふく | blow hard |
| お天気屋 | おてんきや | moody, tempermental |
| ブスッとする | | sullen |

## 第3課　さかさまのカレンダー（p.111）　Chapter 3　Backwards Calendar

| | | |
|---|---|---|
| 一見 | いっけん | at a glance |
| ゴタゴタと | | in a jumble |
| **日めくり** | **ひめくり** | **daily calendar** |
| 出しぬけに | だしぬけに | suddenly |
| 口ごもる | くちごもる | mumble |
| 言いわけする | いいわけする | make excuses |
| **浮気** | **うわき** | **affair, cheating on one's spouse** |
| **ばれる** | | **be discovered** |
| 叩き出す | たたきだす | drive away, throw out |
| 呟く | つぶやく | mutter |
| ニヤリと笑う | ニヤリとわらう | grin |
| 寒々とした | さむざむとした | dreary, bleak |
| めくる | | leaf through |
| ボロアパート | | tumbledown apartment |
| ピッと | | rip |
| 畜生 | ちくしょう | Damn! |
| やけに | | awfully |
| 腹が立つ | はらがたつ | get angry |
| ふてくされる | | sulk |
| 揺さぶる | ゆさぶる | shake |
| ハッと | | give a start |
| 追ん出す（追い出す） | おんだす（おいだす） | kick out |
| 呆然とする | ぼうぜんとする | be bewildered |
| 枕もと | まくらもと | bedside |
| ギョッと | | startled, shocked |
| ガラガラッと | | rattling |
| 剣幕 | けんまく | menacing look |
| 駆ける | かける | run |
| ヒステリックに | | hysterically |
| 白状する | はくじょうする | confess |
| グリーン車 | グリーンしゃ | first-class compartment |
| **夫婦水入らず** | **ふうふみずいらず** | **just husband and wife together** |
| 呆気に取られる | あっけにとられる | be dumbfounded |
| 促す | うながす | urge |
| ホッと | | draw in a long breath, be relieved |
| 察する | さっする | guess |
| かくて | | thus |
| 危機 | きき | crisis |
| 逃れる | のがれる | escape |
| 身内 | みうち | relatives |

| | | |
|---|---|---|
| ほどほどにする | | moderate, keep down |
| 横目で見る | よこめでみる | look sidewise at |
| 伸びをする | のびをする | stretch |
| ボストンバッグ | | Boston bag |
| 一息つく | ひといきつく | take a deep breath |
| 啞然とする | あぜんとする | be dumbfounded |
| 青ざめる | あおざめる | turn pale |
| 刃物 | はもの | knife |
| よける | | avoid |
| 薄れる | うすれる | fade, grow dim |

## 第4課　100億頭のゾウ (p.118) — Chapter 4　Ten Billion Elephants

| | | |
|---|---|---|
| 狩猟 | しゅりょう | hunting |
| 採集 | さいしゅう | gathering |
| 農耕 | のうこう | agriculture |
| 一新する | いっしんする | change completely |
| 主体的に | しゅたいてきに | by themselves |
| **生物圏** | **せいぶつけん** | **sphere of living beings** |
| 受動的な | じゅどうてきな | passive |
| 伐採する | ばっさいする | logging |
| エネルギー源 | エネルギーげん | energy sources |
| 能動的な | のうどうてきな | active |
| 分化する | ぶんかする | differentiate |
| 理論 | りろん | theory |
| 回を追って | かいをおって | later in this series |
| 初頭 | しょとう | beginning of |
| 質量 | しつりょう | mass |
| 乱れ | みだれ | disorder, disarray |
| 課題 | かだい | issue, problem |
| 至極 | しごく | extremely |
| **エネルギー代謝** | **エネルギーたいしゃ** | **energy metabolism** |
| 匹敵する | ひってきする | equivalent to |
| 生理現象 | せいりげんしょう | physiological phenomenon |
| 養う | やしなう | feed, sustain |
| 光化学反応 | こうかがくはんのう | photochemical reaction |
| 炭酸同化作用 | たんさんどうかさよう | carbon dioxide assimilation |
| 成り立つ | なりたつ | be formulated |
| 図式 | ずしき | schematic |
| じかに | | directly |
| ロス | | loss |
| 優に | ゆうに | as much as |
| 数値 | すうち | numerical value |
| 推測する | すいそくする | surmise |
| 独自の | どくじの | original, independent |
| 運営する | うんえいする | manage |
| 恐竜 | きょうりゅう | dinosaur |
| あっけなく | | easily, all too soon |

| | | |
|---|---|---|
| トータル | | total |
| 繁栄する | はんえいする | flourish |
| **規模** | **きぼ** | **scale** |

## 第5課　人間とロボットの共生　(p.124)

## Chapter 5　The Symbiotic Relationship between Humans and Robots

| | | |
|---|---|---|
| 共生 | きょうせい | **symbiosis** |
| 石油プラント | せきゆプラント | petroleum plant |
| 人工空間 | じんこうくうかん | artificial space |
| 林業 | りんぎょう | forestry |
| タンク | | tank |
| 漏れ出す | もれだす | leak out |
| 亀裂 | きれつ | fissure, crack |
| 吸い付く | すいつく | cling to |
| 用材 | ようざい | lumber, timber |
| 樹木 | じゅもく | trees |
| 伐採 | ばっさい | logging |
| 伴う | ともなう | involve |
| 急傾斜面 | きゅうけいしゃめん | steep incline |
| リースする | | lease |
| 指令 | しれい | command, order |
| 運搬する | うんぱんする | transport |
| 欠くことの出来ない | かくことのできない | indispensable |
| パートナー | | partner |
| クリアする | | clear, overcome |
| **側面** | **そくめん** | **side, aspect** |
| 知的な | ちてきな | intelligent |
| 数値制御工作機械 | すうちせいぎょこうさくきかい | numerically-controlled machine |
| **コスト・パフォーマンス** | | **cost performance** |
| 購入する | こうにゅうする | purchase |
| えらく | | incredibly |
| センサー | | sensor |
| 有機的に | ゆうきてきに | organically |
| システム機器 | システムきき | systems equipment |
| 暴走する | ぼうそうする | get out of control |
| そこそこに | | to some extent |
| 方策 | ほうさく | measure, policy |
| 打破する | だはする | abolish, remove |
| 市場 | しじょう | market |
| 原子力 | げんしりょく | nuclear power |
| 極限環境 | きょくげんかんきょう | extreme environment |
| 介護 | かいご | nursing |
| 介助 | かいじょ | assistance |
| 補助者 | ほじょしゃ | assistant |
| 見込む | みこむ | expect, anticipate |
| **研究開発** | **けんきゅうかいはつ** | **research and development** |
| 真の | しんの | true, genuine |

| | | |
|---|---|---|
| 確立する | かくりつする | establish |
| 視点 | してん | viewpoint |
| プロジェクト | | project |
| 公的資金 | こうてきしきん | public funding |
| 投入する | とうにゅうする | invest |
| 切に | せつに | sincerely |
| 恰好の | かっこうの | suitable |
| 模擬実験場 | もぎじっけんじょう | trial experiment laboratory |
| **コンテスト** | | **contest** |
| エントリーする | | enter |
| 定着する | ていちゃくする | become firmly established |
| 人間サイド | にんげんサイド | human side |
| 敵意 | てきい | hostility, enmity |
| 適合する | てきごうする | adapt |
| 要約する | ようやくする | summarize |
| 願望を込める | がんぼうをこめる | (do/say) with hope |
| 断言する | だんげんする | assert definitively |

# 本文データ

* 文字数は実質文字数を表し、これには、句読点（。、など）や「　」、記号（％など）、算用数字、アルファベットは含まれていません。
* 漢字数は延べ総数で、ふりがな付きのものも含まれています。
* 漢字含有率＝漢字数÷文字数

| 課 | タイトル | 文字数 | 漢字数 | 漢字含有率 |
|---|---|---|---|---|
| STEP 1 | | | | |
| 第1課 | 時間ドロボー | 630 | 142 | 22.5（％） |
| 第2課 | トイレ | 625 | 132 | 21.1 |
| 第3課 | 「はい」「いいえ」 | 549 | 149 | 27.1 |
| 第4課 | 日本茶 | 327 | 113 | 34.6 |
| 第5課 | 初月給 | 436 | 115 | 26.4 |
| 第6課 | 咀嚼力 | 519 | 121 | 23.3 |
| 第7課 | 壊れたと壊したは違う | 604 | 160 | 26.5 |
| 第8課 | シルバーシートに座ろう | 467 | 179 | 38.3 |
| 第9課 | 夫と息子のドブ掃除 | 535 | 176 | 32.9 |
| 第10課 | ストレスに弱い男 | 686 | 169 | 24.6 |
| STEP 2 | | | | |
| 第1課 | あいまいな言葉 | 639 | 194 | 30.4 |
| 第2課 | 働くことが丸ごとの人生 | 702 | 176 | 25.1 |
| 第3課 | サービスのコスト | 705 | 229 | 32.5 |
| 第4課 | 単身赴任は肥る | 990 | 320 | 32.3 |
| 第5課 | 先送りされる「結婚」 | 873 | 305 | 34.9 |
| 第6課 | 言い損ない | 1004 | 228 | 22.7 |
| 第7課 | 「夫婦ゲンカはイヌも食わない」はウソ・ホント？ | 936 | 215 | 23.0 |
| 第8課 | 電車内、まなざしの行方 | 953 | 189 | 19.8 |
| 第9課 | 吹き替え？字幕？ | 986 | 259 | 26.3 |
| 第10課 | 神社 | 1264 | 312 | 24.7 |
| 第11課 | パニック | 994 | 360 | 36.2 |
| 第12課 | 午後の仮眠 | 1024 | 426 | 41.6 |
| 第13課 | 気の利くエレベーター | 949 | 334 | 35.2 |
| 第14課 | 雑木林のなかで | 911 | 287 | 31.5 |
| 第15課 | 便利な道具 | 1143 | 265 | 23.2 |
| STEP 3 | | | | |
| 第1課 | 物のこころ | 1356 | 370 | 27.3 |
| 第2課 | 店員の応対 | 1993 | 524 | 26.3 |
| 第3課 | さかさまのカレンダー | 1953 | 489 | 25.0 |
| 第4課 | 100億頭のゾウ | 1686 | 589 | 34.9 |
| 第5課 | 人間とロボットの共生 | 2257 | 746 | 33.1 |

## 著者略歴

**柿倉侑子**（かきくら ゆうこ）
国際基督教大学卒業。マレーシア・マラヤ大学、国際基督教大学日本語コース助手などの経歴を持つ。元・朝日カルチャーセンター 朝日JTB・交流文化塾日本語科非常勤講師。

**鈴木理子**（すずき さとこ）
国際基督教大学卒業。アジア・アフリカ語学院専任講師を経て、現在、朝日カルチャーセンター 朝日JTB・交流文化塾日本語科および桜美林大学国際教育センター非常勤講師。

**三上京子**（みかみ きょうこ）
国際基督教大学卒業。早稲田大学大学院日本語教育研究科博士課程修了。日本語教育学博士。プラハ・カレル大学講師（国際交流基金派遣日本語教育専門家）を経て、現在、朝日カルチャーセンター 朝日JTB・交流文化塾日本語科非常勤講師。著書に『日本語の教え方ABC』（共著／アルク）、『読むトレーニング基礎編』『読むトレーニング応用編』（共著／スリーエーネットワーク）など。

**山形美保子**（やまがた みほこ）
津田塾大学卒業。テンプル大学教育学科修士課程修了。現在、朝日カルチャーセンター 朝日JTB・交流文化塾日本語科非常勤講師。著書に『日本語の教え方ABC』（共著／アルク）、『読むトレーニング基礎編』『読むトレーニング応用編』（共著／スリーエーネットワーク）など。

---

# 日本語上級読解
## ADVANCED READINGS IN JAPANESE

2000年2月29日　初版発行
2011年6月30日　16刷発行

著　者―――――柿倉侑子・鈴木理子・三上京子・山形美保子
発行者―――――平本照麿
発行所―――――株式会社アルク
　　　　　　　　〒168-8611　東京都杉並区永福2-54-12
　　　　　　　　電話　03-3323-5514（日本語書籍編集部）
　　　　　　　　　　　03-3327-1101（カスタマーサービス部）
印刷所―――――大日本印刷株式会社
装丁・デザイン―キングコングスタジオ　馬場龍吉
本文イラスト――中条こうこ・柿倉まゆみ
校　正―――――安田　緑・Jon McGovern
翻　訳―――――Jenine Heaton・鄒　彦紅・尹　亭仁

ⓒ2000　柿倉侑子・鈴木理子・三上京子・山形美保子
Printed in Japan

乱丁・落丁本はお取り替えいたします。定価はカバーに表示してあります。

www.alc.co.jp
PC : 7000411

# 抜群の検定試験合格率！ NAFL日本語教師養成プログラム

## 世界のどこにいても、活躍できる仕事『日本語教師』

海外の日本語学習者は、133カ国、298万人（※）と予想以上の多さ。「日本語教師」は、日本国内ではもちろんのこと、世界中でニーズの高い仕事です。日本語教師になれば、世界各国の人と"日本語"での国際交流が可能。日本語や日本の文化を教える国際的でやりがいのある仕事です。

※2006年 国際交流基金調べ

### 日本語教師になるためには・・・

日本語教師になるための登竜門と言われているのが、年に一回、実施されている「日本語教育能力検定試験」。合格率が20％前後という難関試験ですが、数多くの日本語学校が、教師を採用する上で、この検定試験合格を採用基準としています。NAFLは「日本語教育能力検定試験」にピタリと照準を当てた通信講座。これまでに7万人以上が受講し、数多くの修了生が、日本語教師として国内や海外で活躍しています。

日本語教育能力検定試験に関する情報は 》 http://www.jees.or.jp/jltct/index.htm

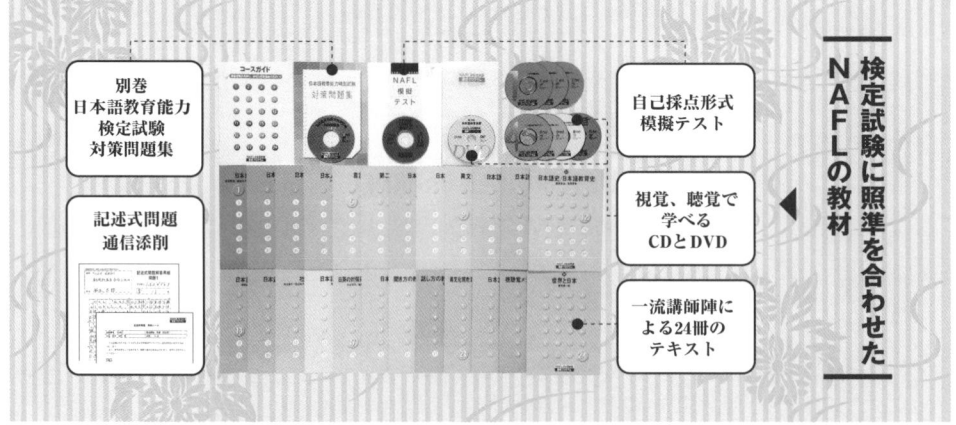

検定試験に照準を合わせたNAFLの教材
- 別巻 日本語教育能力検定試験対策問題集
- 記述式問題 通信添削
- 自己採点形式模擬テスト
- 視覚、聴覚で学べるCDとDVD
- 一流講師陣による24冊のテキスト

### 受講生の声
**NAFLで合格。海外で日本語を教えています。**
小泉 かさねさん

近所に1人の中国人研修生がやってきました。日本語を教え、中国について教えてもらううちに、日本語教師になりたいと思うようになりました。検定試験の勉強にも、教師になってからの指南書としても役立つとアドバイスを受けNAFLを受講。検定試験には初受験で無事合格しました。今はシリアで日本語教師として働いています。

---

**受 講 料** 98,700円（税込）
**標準学習期間** 12カ月（短期修了も可能）
**教材構成** コースガイド／テキスト24冊／別巻テキスト1冊（CD付き）／CD7枚／DVD1枚／NAFL模擬テスト1回（自己採点形式。CD、解答と解説付き）／『月刊日本語』12冊（毎月1冊）／実力診断テスト24回／記述式問題の添削指導2回／修了証（修了時）
※お申し込み受付後、3営業日以内に、教材を一括で発送センターより出荷いたします。
※『月刊日本語』のみ毎月のお届けとなります。

**お支払い方法**
クレジットカード（一括払い・分割払い）
代金引換（代引手数料630円、一括払いのみ）
コンビニ・郵便払込（手数料無料、一括払いのみ）
※クレジットカード払い（一括・分割）をご希望の方は、右記インターネット、またはフリーダイヤル0120-120-800（24時間受付）にて承ります。

### お申し込み、資料（無料）のご請求は今すぐ下記の方法で！

■通話料無料のフリーダイヤル（24時間受付）
**0120-120-800**
※携帯電話・PHSからもご利用いただけます。アルクのコミュニケーターが承ります。

■アルク・オンラインショップ
**http://shop.alc.co.jp**
※ご提供いただく個人情報は、資料の発送および小社からの商品情報をお送りするために利用し、その目的以外の使用はいたしません。

www.alc.co.jp